모르면
호구 되는
주식상식

• 일러두기

본 도서는《주식투자 입문사전》(2016년 2월 11일 출간)의 주요 내용을 현재 시점에서 새롭게
수정·보완하고 업데이트한 개정판입니다.

모르면 호구 되는 주식상식

곽세연 지음

한스미디어

주린이 탈출을 위한 최소한의 주식 상식

요즘은 만나는 사람마다 주식 이야기를 합니다. 난생처음 새롭게 투자에 뛰어든 사람이나, 장기 보유하다 아이 혹은 손주에게 물려주겠다는 투자자도 많습니다. 코로나 팬데믹이라는 전례 없는 위기를 기점으로 주식에 대한 인식이 많이 바뀐 모습입니다. 하지만 느끼는 정도가 달라졌을 뿐 주식은 이전에도 우리 삶의 포트폴리오 중 한자리를 차지했어야 할 훌륭한 재테크 수단이었습니다.

왜 주식일까요?

우리는 저금리 시대에 살고 있습니다. 많이 내려도 예금 금리가 15%이던 시절은 지났습니다. 현재 1년짜리 정기예금 금리가 연 2%

도 되지 않습니다. 정기예금으로는 물가상승률을 따라잡을 수 없습니다. 그만큼 삶이 팍팍합니다.

또한 우리는 저성장 시대에 살고 있습니다. 전통적인 재테크 수단이던 예금과 부동산으로 더 이상 많은 것을 기대할 수 없습니다.

이제 월급쟁이가 부자가 될 확률은 거의 0%에 가까워지고 있습니다. 부자가 되려면 회사를 운영하거나 가게를 열어야 할 텐데 누구나 회사를 차리거나 가게를 열 수는 없는 노릇입니다.

그렇기 때문에 주식입니다. 누군가 차린 회사에 투자하는 겁니다. 좋은 회사, 미래가 밝은 회사의 주식을 사서 그 회사가 거둔 이익을 나눠 가져야 합니다.

양극화가 심화되면서 개인 간 부의 편중이 심화됐다고 합니다. 그러나 양극화는 사실 기업과 가계가 더 큽니다. 기업의 잉여금은 쌓여가지만 가계는 빚만 늘어납니다. 기업의 과실을 나눠 가져야 합니다. 지금의 회사에서 월급 받는 것에만 집중하지 말고, 또 다른 회사에 가서 일할 수 있어야 합니다. 나만 일하지 말고 돈도 함께 일하게 해야 합니다.

주식투자가 가장 적극적인 방법입니다. 특히 그동안 성장에 집중한 나머지 배당에 인색했던 기업들이 달라지고 있습니다. 배당으로 올릴 수 있는 수익률이 예금 금리의 바탕이 되는 국고채 금리를 처음으로 역전한 지도 꽤 됐습니다. 주가 상승 이외에 배당이라는 플러스 알파가 예금 이자보다 더 좋을 수 있습니다.

하지만 주식은 위험을 동반합니다. 대표적인 위험자산이어서 성공한 사람도 많지만 실패한 사람은 더 많습니다. 주식에 대한 기초

지식, 경제 지식도 없이 누군가 해주는 얘기에 솔깃해서 섣불리 투자한다면 결코 성공할 수 없는 것이 주식이기도 합니다.

주식투자가 피할 수 없는 앞으로의 재테크 수단이라면 기초부터 탄탄히 개념을 잡고 가는 게 중요합니다. 새로운 개념의 주식들도 많이 생겨나고 있습니다. '아 이런 주식도 있구나…' 하고 새로운 상품과 트렌드를 알고 있는 것과 모르는 것의 차이는 생각보다 훨씬 큽니다.

이 책은 주식투자를 처음 시작하거나, 해본 적은 있는데 배경지식이 없는 분들, 소위 '주린이'를 위한 입문서입니다. 기초적이지만 꼭 필요한 개념, 주식투자하는 데 스치듯 궁금했을 법한 내용을 모두 담으려 노력했습니다. '모른다고 호구라는 소리만은 듣지 않기 위한' 그리고 '몰라서 손해 보는 일만큼은 피할 수 있는' 책이 될 것이라 믿습니다.

저는 이 책을 쓰면서, 우리 아이가 좀 더 커서 주식투자에 관심을 갖기 시작할 때 봤으면 좋겠다고 생각했습니다. 해주고 싶은 얘기가 많은데, A부터 Z까지 한꺼번에 얘기하면 체할 것 같아 한 번에 이해할 수 있도록 질문을 나누고 대답하는 형식을 취했습니다. 그래서 꼭 처음부터 끝까지 보지 않아도 좋습니다. 흥미 있는 질문부터 찾아보며 가벼운 마음으로 읽었으면 좋겠습니다. 그렇게 주식과 친해지는 것이 부자로 가는 첫걸음일 테니까요.

독자 여러분의 성공을 기원합니다.

지은이 곽세연

CHAPTER 05 실전, 주식투자 준비하기

CHAPTER 06 똑똑하게 주식 사고파는 법

CHAPTER 07   차트로 투자 고수 되기

CHAPTER 08   고수들의 중고급 주식투자법 엿보기

CHAPTER 09   국내는 좁다, 해외주식에 투자하기

CHAPTER 10   알아두면 힘이 되는 우리나라 증시의 역사

CHAPTER 11 평생 주식부자가 되기 위해 꼭 알아야 할 것들

CHAPTER 01

주식투자란
무엇일까?

주식이란 회사의 소유권을 잘게 쪼개어놓은 것입니다. 집으로 비유하자면 집문서를 나누어놓았다고 보면 됩니다. 집을 살 때 그 집의 주인이라는 집문서를 받는데, 회사를 집이라고 바꿔 생각하면 쉽습니다. 그 회사의 주인이라는 증서가 주식입니다.

그 회사가 가지고 있는 현금, 토지, 건물, 기계 등의 수많은 자산을 내가 가진 주식만큼 나눠 가질 수 있는 권리를 얻는 것이죠. 이것을 주주가 된다고 표현하고 주주들로 구성된 회사를 주식회사라고 합니다.

주식이란 자산을 나누어 가질 수 있는 권리 증서

A씨가 친구 B씨와 함께 어떤 빵 공장을 만들었다고 생각해봅시다. 처음에는 구멍가게 수준이었는데, 빵이 맛있어서 장사가 점점 잘됩니다. 기계를 더 들여와서 더 많이 팔고 싶은데 A, B 씨에게는 돈이없어요. 이럴 때는 돈이 남는 사람과 돈이 모자라는 사람 간에 돈을돌려쓰는 이른바 금융을 이용해야겠죠. 돈이 남는 사람은 자금의공급자가 되고 모자라는 사람은 자금의 수요자가 됩니다.

자금 수요자가 공급자에게 돈을 빌려 쓰고, 그 대가로 이자를 주는 방법이 일반적입니다. 그런데 돈을 빌리는 것이 적합하지 않을 때가 있습니다. A, B 씨가 필요한 돈을 마련할 만큼 담보나 신용이 부족할 수도 있고, 정기적으로 이자를 지급하는 게 부담스러울 수도 있습니다.

그러나 금융에는 다른 방법도 있습니다. A, B 씨의 빵이 맛있고 그들의 사업이 큰 발전 가능성이 있다고 생각하는 사람들이 있다면 어떨까요? 이들은 단순히 돈을 빌려주어 이자를 받기보다는 A, B 씨의 회사에 투자함으로써 그 회사의 주인이 되고 그 성과를 나누어가지는 게 효과적입니다.

A, B 씨도 돈을 빌려서 이자를 내고 원금을 갚기보다는 투자를받는 게 유리합니다. 물론 A, B 씨의 회사 소유권은 그만큼 줄어듭니다. 이러한 자금 투자가 이뤄지기 위해서는 매개 수단이 필요한데, 바로 주식이 그 수단입니다.

경영자인 A, B 씨는 주식을 발행해 많은 투자자에게서 돈을 받아

회사를 키워나가죠. 그러면 A, B 씨에게 사업 자금을 대준 주주는 회사가 커진 만큼, 실적을 잘 낸 만큼 이익을 나눠 가질 수 있습니다.

주식과 증권

　주식과 증권이 헷갈린다는 사람이 많습니다. 증권이 더 큰 개념입니다. 증권 중 하나가 주식입니다. 돈은 아니지만 돈으로서의 가치가 있음을 증서로 표시한 것이 증권입니다. 여기에는 주식과 채권이 포함됩니다. 회사는 주식과 채권을 발행하여 많은 투자자로부터 대규모의 자금을 조달할 수 있습니다.

　채권은 어떤 시기에 어느 만큼 이자를 붙여 받을 수 있다고 회사가 값을 정해준 반면, 주식은 값이 정해져 있지 않습니다. 그래서 큰 돈을 벌 수도 있는 반면, 경제가 나빠지거나 회사가 망하면 큰 손해를 볼 수 있습니다.

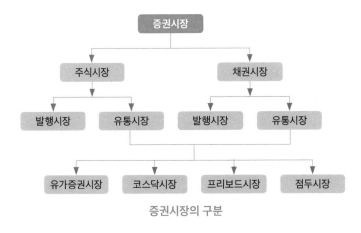

증권시장의 구분

02

주식투자로 부자 되기

#부의 축적 원리 #잠자는 중에도 돈 벌기
#노동과 투자 병행

자본주의 사회에서 부자가 되는 방법은 '자본'이라는 말 그 자체에서 찾을 수 있습니다. '자본'을 가진 사람이 그것을 더 불려가는 형식입니다. 즉, 자본가가 되어야 부자가 될 수 있습니다. 극소수 전문가를 빼면 월급만으로 부자가 될 수 없습니다. 자본주의 운영 원리가 그렇게 형성되어 있습니다.

이윤 추구를 목적으로 하는 기업의 주인은 종업원이 회사를 그만두지 않고 열심히 일할 정도를 철저하게 계산해서 그만큼만 월급을 줍니다. 결코, 그 이상을 내놓지 않습니다. 이렇게 벌어들인 돈은 자본가들, 즉 회사의 주인들이 나누어 가집니다. 따라서 부자가 되려면 회사가 벌어들인 돈을 나누어 갖는 자본가가 되어야 합니다.

그런데 자본가가 되려고 모두 사업을 할 수는 없습니다. 창업은 성공 확률이 낮은 매우 위험한 도전입니다. 처음에 사업이 잘되다가 환경이 바뀌어 망할 수 있습니다. 그래서 현재 직장을 포기하지 않고, 전 재산을 거는 위험을 피하면서도 자본가가 될 수 있는 대안을 찾는 게 바람직합니다. 주식투자는 그 효과적인 방법입니다.

잠자는 중에도 돈을 벌기

"잠자는 동안에도 돈이 들어오는 방법을 찾아내지 못한다면 당신은 죽을 때까지 일해야만 할 것이다." 전설적인 투자자 워런 버핏의 유명한 충고입니다. 앞에서도 말했듯이 월급으로는 부자가 되기 어렵습니다. 겨우 생활할 수 있을 뿐입니다. 그래서 내가 일하지 않는 동안에도 돈을 벌어들일 방법을 찾아야 합니다.

주식투자로 회사의 주인이 된다면, 내가 자는 동안에도 돈을 벌 수 있습니다. 내가 주식을 가진 회사의 노동자들이 땀 흘려 제품을 생산하며 돈을 벌어줍니다. 그리고 전 세계 매장에서 내가 투자한 회사의 상품이 팔려나갑니다. 이렇게 이윤이 발생하여 나에게도 분배됩니다. 배당금이 나오고 주식 가치가 상승합니다. 돈이 스스로 일해서 돈을 벌어주는 구조가 생기기 때문입니다.

나의 경제생활을 하나의 독립된 기업이라고 생각해봅시다. 이 기업은 '노동'과 '투자'라는 2개의 사업부로 구성되어 있습니다. '노동 사업부'는 일상의 영위와 관련이 있으며 현재 지향적입니다. 반면 '투자 사업부'는 미래에 부자가 되는 것을 목표로 합니다. 장기적이고 미래 지향적 성격이 강합니다.

'노동 사업부'에서 벌어들인 자원 중 일부를 '투자 사업부'가 운용하여 미래의 부를 형성해나가는 방식입니다. 그런데 '노동 사업부'가 번 돈을 모두 써버리고 '투자 사업부'에 넘겨주지 않으면 미래의 부는 절대 형성되지 않을 것입니다.

물론 '투자 사업부'도 견실하게 잘 운영해야 합니다. 일확천금에 눈에 멀어 잘못된 투자를 한다면 '노동 사업부'에서 힘겹게 벌어들인 돈을 모두 까먹을 수 있으니까요. 우리가 주식투자에 대해 공부해야 하는 이유가 여기에 있습니다. 일과 투자를 병행함으로써 두 방향으로 효과적으로 돈을 버는 것이 주식투자로 부자가 되는 방법입니다.

생각을 키우는 Q

내가 돈을 불리는 방법은 무엇인가요? 보완해야 할 부분은 없나요?

03

주식, 투자와 투기 사이

#투기와 투자의 차이는 #주식투자와 도박
#위험과 기회

"저는 지금까지 단 한 번도 주식 따위에 눈길을 주지 않았습니다."
이 말을 들으면 어떤 느낌이 드시나요? 이 말을 한 사람은 자신이 성실하고 안정적인 사람임을 내세우려는 목적이 있었다고 합니다. 실제 우리나라에서는 주식투자를 하지 않는 게 견실함의 상징으로 통하기도 했습니다. 이것은 주식투자는 위험한 도박과 같다는 생각이 만든 사회적 편견일 것입니다.

주식투자의 본질은 경제와 기업을 잘 분석하여 유망한 기업을 선택하고, 그 기업의 주식을 사서 기업의 성장과 함께 이익을 얻는 건전한 투자입니다. 그런데도 주식투자가 투기나 도박의 오명을 뒤집어쓴 이유는 무엇일까요? 과거 우리나라 주식투자자의 성향이 지나치게 공격적이었기 때문입니다. '냉탕 아니면 열탕', '모 아니면 도' 식으로 아예 주식투자를 하지 않거나 할 때는 단기 고수익을 좇는 모습을 보였습니다.

그러나 균형을 회복한다면 주식투자는 저금리 시대의 가장 효과적인 투자 수단으로 자리 잡으리라 봅니다.

주식투자와 도박

주식투자를 누군가 따면 누군가 잃는 도박으로 간주하는 시선도 있습니다. 주식투자를 '더 바보 게임'이라고 표현하기도 했는데, 내가 산 가격보다 더 높은 가격에 사줄 바보를 찾으면 이기는 게임이라는 뜻입니다. 이렇게 보면 주식은 도박입니다.

'더 바보 게임'이라는 용어를 만든 사람은 제2의 워런 버핏으로 존경받는 투자 대가 세스 클라르만 바우포스트그룹 회장입니다. 《안전마진Margin of Safety》이라는 명저를 남겼고 한국 주식에도 곧잘 투자하는 것으로 유명합니다. 한국 제약주에 장기 투자해 큰 이익을 남기기도 했습니다. 그는 모든 주식투자를 '더 바보 게임'이라고 보지 않습니다. 좋은 기업의 주인이 된다는 주식투자의 본령에서 벗어난 투자를 '바보를 찾아 비싼 값에 떠넘기는 도박'으로 봅니다.

예를 들어 투자자 A, B, C가 있다고 합시다. A는 치밀하게 연구하여 K라는 기업이 유망하다고 보고 그 회사 주식 100주를 100만 원에 샀습니다. 1년 후 A는 B에게 이 주식을 120만 원에 팔았습니다.

또 1년 후 B는 150만 원을 받고 C에게 이 주식을 팔았습니다. 그동안 K 기업은 계속 성장했습니다. K기업의 주가는 2만 원이 되었습니다. 이 경우 A, B, C 그 누구도 손해를 보지 않았습니다. 이런 주식투자는 누군가 잃고, 누군가 따는 도박이 아니라 건전한 투자이며 경제를 활성화시킵니다.

건전한 투자의 결과

1973년 고위관료 한 사람이 아들에게 삼성전자 주식 1만 주를 증여했습니다. 아들은 아버지가 물려준 주식을 팔지 않았습니다. 세월이 흐르면서 그 주식은 무상증자 등을 거치며 2만 4,000주로 불어났습니다. 주가 또한 급상승했습니다. 그 아들 역시 고위직 공무원이 되었습니다. 법률에 따라 재산신고를 했는데, 재산총액 1위로 나타났습니다. 아버지에게 증여받은 주식 가치가 1,200배나 상승하면서 생긴 일입니다.

1970년대에 태평양화학(현 아모레퍼시픽)에 근무했던 임 모 씨는 우리사주조합을 통해 자기 회사 주식 206주를 10만 3,000원에 샀습니다. 이후에 이 지분의 배당금과 무상증자 주식이 배정됐습니다. 그런데 임 씨는 퇴사와 주소 변경 등으로 통지를 받지 못했습니다. 주식을 산 사실조차 잊고 있었습니다. 40년 세월이 흐른 후 임 씨는 증권예탁원으로부터 미수령 주식을 찾아가라는 안내문을 받았습니다. 그는 살 때보다 1,000배가 오른 1억 3,000만 원 상당의 주식을 찾아갔습니다.

기회와 위험이 공존

모든 주식투자가 앞의 사례와 같은 결과를 낳는 것은 아닙니다. 모든 투자에는 위험이 존재합니다. 그래서 그 위험을 감수해야만 합니다. "다 날려도 상관없을 정도의 소액으로 시작하라"는 조언은 위험의 불가피함을 말해줍니다. 싼값에 사서 비싸게 팔면 되지만, 뜻대로 주가가 움직이지 않아 산 가격보다 더 낮게 팔 수도 있습니다. 저축은 일반적으로 금리가 일정하기 때문에 시간이 지나면 완만한 포물선 모양으로 이익이 늘어납니다. 그러나 주식은 매일 변동하기 때문에 어떤 구간에서 어떻게 사고팔았느냐에 따라 높은 수익이나 큰 손실을 볼 수도 있습니다.

주식투자의 위험은 본인의 성향에 따라 관리해야 합니다. 투자 기간이 길수록, 투자 종목이 다양할수록, 매매 시점을 잘게 나눌수록 위험이 적어집니다. 우리가 주식을 공부하는 중요한 이유 중 하나도 위험을 관리하기 위함입니다.

위험 속에 기회가 있습니다. 주식은 투자에서 얻는 이익, 기대할 수 있는 이익이 큽니다. 주식 종목의 상하한가 제한폭은 하루 30%입니다. 하한가에 사서 상한가에 판다면 이론적으로 하루 60%의 수익이 가능합니다. 또 배당이라는 추가 이익도 있습니다. 오전 9시부터 오후 3시 30분 사이에는 언제든 시장에서 자유롭게 사고팔 수 있으므로 현금화의 장점도 큽니다.

주식투자가 위험할 수 있음을 받아들이고 그 위험을 자기 형편과 성향에 맞추어 관리하는 것, 그것이 위험 속의 기회를 누리는 길입니다.

생각을 키우는 Q

주식투자를 투기라 생각해왔다면, 어떤 이유 때문일까요? 그것을 피하는 방법을 세워봅시다.

04

주식투자자 얼마나 많을까?

#700만 주식투자자 #주식투자 빠를수록 좋다
#주식투자는 대세

'주식은 절대 하지 말라'를 가훈으로 삼던 시절이 있었습니다. 투기 성향이 강했던 과거 시대의 이야기입니다. 하지만 깨어 있다는 사람들이 돌 선물로 주식을 사주기도 하는 게 최근의 추세입니다.

10년도 더 지난 2010년에도 우리나라 진보 성향 사회학자의 30대 아들이 주식시장의 '큰손' 개인투자자임이 드러나 화제가 되기도 했습니다. 주주 목소리를 내는 등 활발히 활동한 그 아들의 주식투자는 그가 중학생 때 할아버지로부터 포스코 공모주 10주를 선물로 받으면서 시작되었다고 합니다. 고등학교 시절 주식투자를 하겠다고 300만 원을 달라고 했을 때 아버지인 교수는 '공부나 열심히 하라'며 주지 않았지만, 할아버지는 들어줬고 아들은 전업투자자의 길을 택했습니다.

미국의 중산층 가정에서는 어린 자녀의 주식투자를 권합니다. 특히 유대인들은 만 13세 때 치르는 성인식에 친지들로부터 받은 축하금을 모아 이를 종잣돈 삼아 주식투자를 시작하는 게 일반적인 모습입니다. 이때부터 자금을 불리기 시작해 사회로 진출할 무렵에는 든든한 밑천을 지니게 됩니다. 그리고 경제와 투자에 대한 지식과 감각도 익히게 되죠. 워런 버핏도 11세 때 주식투자를 시작했다고 합니다.

주식투자자 700만 명 시대

우리나라도 주식투자를 자연스럽게 생각하는 선진국의 모습을 점차 닮아가고 있습니다. 한국거래소는 매년 우리나라 주식투자 인구를 발표합니다. 펀드 등은 빼고 직접 주식을 투자하는 사람들의 통계를 내는데, 2019년 기준 주식투자 인구는 618만 명입니다. 2020년 통계는 이 책을 쓰는 시점까지는 나오지 않았는데, 약 700만 명으로 추산합니다. 우리나라 총인구의 약 13.5%입니다. 1983년 초 70만 명에 못 미쳤던 것과 비교하면 10배로 늘었습니다. 거의 7명 중 1명꼴로 주식 직접투자를 한다는 얘깁니다.

1980년대 올림픽 경기호황 등으로 주식투자는 대중화됐습니다. 살 수 있는 기업이 늘어나고, 국민주가 보급되고, 우리사주조합제도 등이 확대돼 88올림픽 전후로 주식투자 인구가 폭발적으로 급증했습니다. 2007년에는 코스피가 사상 처음으로 2,000을 넘자 주식 신규 투자자 진입이 활발해져 주식투자 인구 400만 명 시대에 진입했습니다.

또한, 주식투자 인구는 저금리 시대의 본격화와 더불어 더욱더 늘었습니다. 이와 함께 인터넷과 소셜네트워크서비스 등에서 투자 정보가 풍부해지고, HTS와 MTS 등이 발전해 투자 여건이 편리해지면서 증가세가 더 활발해졌습니다.

2020년은 한국 주식시장이 획기적으로 성장한 해입니다. 코로나19라는 세계적인 악재가 있었음에도 주식시장은 불타올랐습니다. 그 여세를 몰아 2021년 1월에는 견고하던 코스피지수 3,000포인트 벽을 넘어서고 말았습니다. 주식을 사기 위해 증권사에 맡겨 둔 대기 자금(주식예탁금)은 2019년 27조 원에서 2020년 말 65조 원으로 1년 사이 두 배 이상 늘었습니다. 이런 유동성을 바탕으로 앞으로의

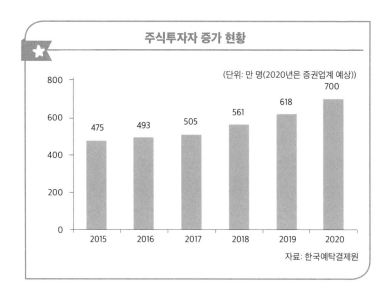

주식투자자 증가 현황

(단위: 만 명(2020년은 증권업계 예상))

자료: 한국예탁결제원

한국 증시는 더욱더 발전할 것으로 보입니다.

이제 주식투자는 모험적인 일부 투자자의 범위를 넘어 전 국민의 보편적인 투자 방법으로 자리 잡으리라 예상합니다.

생각을 키우는 Q

주식투자가 망설여지는 이유가 있나요? 어떻게 극복할 수 있을까요?

주식시장과 주가지수

#주식 매매가 이루어지는 시장 #코스피와 코스닥
#주가지수와 주가

주식은 어디에서 사고파나요?

"전도유망한 기업의 주식을 사서 돈을 불리고 싶은데, 그런 회사를 어디에서 어떻게 찾아야 할까요? 그리고 누구에게서 주식을 사야 할까요?"

주식투자자가 이런 막막함을 호소하지 않아도 되도록 주식을 사고팔 수 있는 시장이 존재합니다. 주식을 사고파는 시장을 '거래소'라고 합니다. 자기 회사의 주식거래를 원하는 수많은 기업 가운데 비교적 안정적인 곳을 골라서 투자자들이 자유롭게 주식을 사고팔 수 있도록 시스템을 갖추고 있습니다.

우리나라의 한국거래소, 미국의 뉴욕증권거래소, 일본의 도쿄거래소, 중국의 상하이증권거래소, 유럽연합의 유로넥스트, 영국의 런던증권거래소 등이 대표적인 거래소입니다. 우리가 직접 주식거래소에 가서 주식을 사고팔지는 않습니다. 거래를 맡긴 증권회사가 주식거래소에서 주식을 사고팔고 우리에게 그 수수료를 받는 형태로 매매가 이루어집니다.

거래소에서 주식을 사고팔 수 있게 된 회사를 '상장기업'이라고 부릅니다. 그렇다면 상장기업이 아닌 회사의 주식을 사고팔 수 없을까요? 그렇지 않습니다. 주주 간의 매매 계약을 통해 거래할 수 있습니다. 다만 그 과정이 훨씬 더 복잡합니다.

주가지수란 무엇인가요?

"코스피 30포인트 급등."

"코스닥 20포인트 급락. 검은 월요일…"

주가가 많이 오르거나 큰 폭으로 떨어졌을 때 등장하는 언론 기사 제목입니다. 여기서 코스피, 코스닥은 우리나라의 대표적인 '주가지수'입니다. 주가지수는 주식시장의 가격 움직임을 표현하는 단위입니다. 여러 주식의 다양한 움직임을 한데 묶어 주식시장의 흐름을 한눈에 알아볼 수 있도록 산출한 것입니다. 투자자들이 주식시장 전체 동향을 파악하도록 일종의 평균 시세를 만든 것이라 생각하면 됩니다. 여기서 '지수'는 상품값이나 수량이 일정 기간 얼마나 달라졌는지 비교해보는 목적을 가지고 있습니다.

코스피와 코스닥

코스피는 1983년 1월 4일을 기준으로 한국거래소 유가증권시장에 상장된 기업의 시가총액을 나타내는 한국 증권시장의 대표 주가지수입니다. 코스피에 상장된 주식의 1983년 1월 4일 시가총액 합계를 100으로 보았을 때 현재 시점의 시가총액 합계가 어느 정도 수준인지를 파악할 수 있습니다. 예를 들어 2021년 1월 21일 코스피지수가 3200이라면, 코스피에 상장된 기업의 시가총액이 1983년보다 32배 상승한 것입니다. 코스피지수는 주식시장의 시황 지표로서뿐만 아니라 경제 지표로 우리나라 경제와 성장을 같이 해왔습니다.

코스피에는 2020년 12월 31일 기준으로 800개 사, 935개 종목(한 회사가 여러 종목의 주식을 발행할 수 있음)이 상장되어 있습니다. 시가총액은 1,980조 원입니다.

코스닥은 1996년 7월 1일 유가증권시장과 분리된 장외거래 주식시장으로 출발했습니다. 1999년 4월 1일부터는 장내주식시장의 지위를 얻었습니다. 코스닥지수는 1996년 7월 1일의 시가총액 합계를 1,000으로 보고 현재 시점의 시가총액 합계와 비교합니다. 2021년 2월 8일 코스닥지수가 960이라면, 기준 시점보다 시가총액 합계가 4% 하락했음을 뜻합니다.

이상한 점이 있습니다. 코스피는 상승했는데, 코스닥은 왜 하락했을까요? 코스닥지수를 이루는 기업들이 성장하여 코스피 등으로 이동하고, 신규 벤처기업들이 진입하는 독특한 구조 때문이라 할 수 있습니다. 애초 코스닥은 중소기업과 벤처기업을 육성하기 위해 기존 주식시장에 진입하기 어려운 기업을 위해 따로 만든 것입니다. 조직화하지 않은 장외시장을 장내시장으로 발전시킨 것이라는 특수성이 있습니다. 이런 점을 고려하여 코스닥지수를 살펴보아야 할 것입니다.

2020년 12월 31일 기준으로 1,468개 회사가 코스닥에 상장되어 있으며, 시가총액은 385조 원입니다.

코스닥 상장 요건을 충족시키지 못하는 벤처기업과 중소기업이 자본시장을 통해 필요한 자금을 원활하게 조달할 수 있도록 개설된 중소기업 전용 주식시장으로 코넥스가 있습니다. 2013년 7월 1일부터 개장한 중소기업 전용 주식시장인데, 코스닥에서 별도로 관리합니다.

나스닥은 가장 발전한 장외시장

코스닥은 미국의 나스닥을 모델로 만들어졌습니다. 이름을 보아도 KOSDAQKorea Securities Dealers Automated Quotation으로 NASDAQNational Association Securities Dealers Automated Quotation과 같은 구조입니다.

거래소가 아닌 곳에서 운영되는 장외시장 중에서 가장 발전된

시장이 바로 나스닥시장입니다. 나스닥시장은 세계 최고의 주식시장인 뉴욕증권거래소가 관리하지 않고 미국증권업협회가 주관해 1971년 2월에 개설했습니다. IT 등 첨단 산업이 급속히 성장하면서 마이크로소프트, 인텔, 애플, 구글 등이 나스닥시장에 상장돼 있습니다. 최근에는 중국 기업들의 상장이 러시를 이루고 있다죠.

> ⚙ 생각을 키우는 Q
>
> 국내외 주식시장의 종류와 성격을 정리해봅시다.
>
> --
> --

주가는 어떻게 결정되나?

#주가는 매수호가와 매도호가가 만나는 지점
#수요와 공급의 법칙 #주가를 움직이는 변수

주가는 주식의 가격입니다. 자본주의 사회의 모든 재화는 수요와 공급의 법칙에 따라 가격이 정해지고 거래됩니다. 팔고자 하는 사람과 사고자 하는 사람이 모두 많을수록 이 법칙은 더 잘 들어맞습니다. 주식시장에서는 사고팔 수 있는 주식, 사고팔 수 있는 투자자가 엄청나게 많은 만큼 수요와 공급의 법칙으로 가격이 결정됩니다.

주식거래도 시장에서 물건을 사고파는 것과 똑같습니다. 팔려는 사람과 사려는 사람의 가격이 맞으면 그 가격이 주가가 되는 것이죠. 사려는 사람이 많으면 주가가 올라가고, 팔려는 사람이 많으면 주가는 내려갑니다. 부르는 가격인 호가가 일치하면 그 가격이 주가가 되는 것인데 그 가격에 팔려는 이유와 그 가격에 사려는 이유가 주가를 움직이는 요인으로 작용합니다.

통화량, 금리, 물가, 환율

전체적인 주가 변동 요인으로는 통화량과 금리, 물가, 환율 등을 들 수 있습니다. 돈과 주가는 일반적으로 정비례 관계를 지닙니다. 통화량이 많으면 주식시장에 유입될 수 있는 자금이 많아집니다. 또 통화량이 늘어나면 금리 하락을 유도합니다. 기업의 입장에서는 투자 여력이 늘어납니다. 금리는 반비례 관계입니다. 예금 등 금리에 연동되는 안정적인 자산의 수익률이 올라가면 굳이 주식을 할 필요가 없습니다.

물가가 오르면 일반적으로 화폐의 구매력을 떨어뜨려 실물자산에 투자하려는 유인책이 되기 때문에 주가에는 부정적입니다. 우리나라에서는 환율이 오르면 수출주에 유리해 주가가 오를 가능성이 커진다고 하는데요. 그렇지만 이러한 이론이 요즘에는 잘 맞지 않습니다. 변수가 많기 때문입니다.

배당수익률, EPS, PER

개별 종목 주가에는 배당수익률, 주당순이익EPS, 주가수익비율PER이 중요한 변수입니다. 배당수익률은 현재 주가나 내가 산 주가 대비

1주당 얼마의 배당금을 받을 수 있느냐를 비교해본 것입니다. 높을수록 배당수익률이 높다는 의미입니다. EPS는 주식 1주가 1년 동안 벌어들인 순이익의 크기를 말합니다. 역시 높은 게 좋습니다.

또 PER도 자주 비교되곤 하는데, 시가총액을 당기순이익으로 나눈 것입니다. 1년간 벌어들인 순이익에 비해 시장에서 몇 배의 가치 부여를 해주냐는 것이죠. 우리나라 상장 기업의 PER는 10~18배 정도인데, 바이오 같은 업종은 업종 특성상 30배를 주는 경우도 있기 때문에 절대적인 의미보다는 상대 평가의 지표로 사용하는 게 좋습니다.

수치로는 보이지 않지만 가장 중요한 건 '심리'입니다. 거시경제가 어떻고 이 종목의 실적이 어떻고 해도, 결국 매수와 매도 버튼을 누르는 건 투자자의 심리니까요. 공포가 극대화되면 이런 지표들과 무관하게 주가가 내려갈 수도 있고, 기대감에 부풀면 과도하게 올라가는 경우도 많습니다. 치열한 심리 싸움에서 이기는 게 수익을 챙기는 길입니다.

생각을 키우는 Q

지나치게 고평가되었거나 저평가되었다고 생각하는 주식이 있다면 그 이유는 무엇인가요?

종합주가지수와 종목 주가

#개별 종목 주가가 모여서 종합주가지수 형성 #종합주가
지수는 시장 전체의 가격 / 기준 시점과 비교한 수치

종합주가지수가 전체 숲이라면 개별 종목, 내가 투자하고 싶거나 관심 있는 종목의 주가는 나무라고 할 수 있습니다. 국내외에는 수많은 주가지수가 있습니다. 특정 산업이나 테마에 따라 주가지수를 만들기도 합니다.

앞에서 이야기했듯이 코스피, 코스닥지수가 국내 증시의 대표적인 종합주가지수입니다. 시장을 가장 잘 표현하는 지수로써, 이른바 '양대 지수'로 불립니다. 가격이 아닌 흐름을 나타내는 지수입니다. 코스피지수는 1980년 1월 4일 100을 기준으로 40년 이상 등락을 보이면서 2021년 1월 3,000포인트를 돌파했습니다.

종목 주가는 말 그대로 특정 종목 1주당 가격을 말합니다. 삼성전

코스피지수 40년 흐름

2021년 1월 7일
첫 3000 돌파
3031

2017년 10월 30일
2000 진입 후 10년 만에 2500
2501

2007년 4월 9일
첫 1500 돌파
1501

1989년 3월 31일
첫 1000 돌파
1003

1980년 1월 4일
기준일
100

2020년 3월 19일
코로나19 여파로 급락
1457

1998년 6월 16일
IMF 외환위기에 따른 침체
280

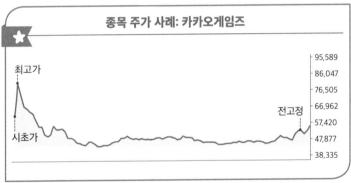

종목 주가 사례: 카카오게임즈

최고가

시초가

전고점

95,589
86,047
76,505
66,962
57,420
47,877
38,335

자 주가는 얼마, 현대자동차는 얼마, POSCO는 얼마. 이렇게 날마다 시시각각 '사자'와 '팔자'가 모여 주가를 결정합니다.

끊임없이 움직이는 개별 종목 주가를 환산해 코스피와 코스닥지수도 실시간으로 산출합니다. 주가지수나 종목 주가 모두 시작하는 시초가, 끝내는 종가, 직전 가장 높은 주가인 전고점, 역사적으로 가장 높은 주가인 최고가 등이 있습니다.

> ⚙️💲 **생각을 키우는 Q**
>
> 관심 종목의 차트를 보고 시초가, 전고점, 최고가 등을 찾아보세요.
>
> --
>
> --

08

주가가 높을수록 좋은 종목인가?

#황제주란 무엇인가? #종목주가와 환산주가
#시가총액이 합리적 판단 근거

우리나라에서 가장 비싼 주식이 뭘까요? 우리나라 대표선수 삼성전자? 인터넷 최강자 네이버? 아니면 제조업의 왕 현대자동차?

정답은 LG생활건강입니다. 2020년 2월 초 기준으로 165만 원 정도에 거래되었습니다. 그 밖에 주가가 비싼 종목을 찾아보면 태광산업이 약 110만 원, 엔씨소프트가 104만 원입니다. 같은 시기 삼성전자의 주가는 약 8만 3,000원, 네이버는 약 36만 원, 현대자동차는 약 23만 원입니다.

주가가 높다고 무조건 좋은 기업, 좋은 평가를 받는 기업은 아닙니다. 개별 종목의 주가는 잣대가 일정치 않아 주가로만 볼 수 없기 때문입니다. 똑같은 출발선에서 달리기를 시작해야 공평하겠죠?

주가는 기업의 가치를 평가하는 수단 중 하나일 뿐

주가가 높은 기업은 대체로 주식 수가 적습니다. 주식 수가 적으면 희소성 때문에 비싼 게 맞겠죠. 회사 실적에 비해 주가가 비싼 기업들은 어려운 말로 유통 주식 수가 적은 종목이라는 공통점이 있습니다. 또한, 액면가도 다릅니다. 주식을 처음 발행할 때 500원짜리, 5,000원짜리로 달리 발행합니다. 출발이 500원인 종목과 5,000원인 종목은 똑같이 올랐다고 해도 현재 주가가 다를 수밖에 없겠죠.

한국거래소에서는 매 분기 액면가를 5,000원으로 통일해 주가를 비교해보자는 의미에서 '환산주가'라는 것을 발표합니다. 네이버, 엔씨소프트, SK, 삼성물산, 넷마블, 삼성전자, 카카오 등을 비교합니다.

최근에는 액면분할을 하는 기업이 많아졌습니다. 2014년 200만 원 시대를 열었던 아모레퍼시픽은 10 대 1로 액면분할을 했습니다. 200만 원 1주짜리를 가진 주주라면 20만 원짜리 10주를 가지게 됐습니다. 1주에 100만 원이 넘어 소액 투자자들은 엄두도 낼 수 없었던 황제주가 가격은 낮아지고 유통 주식 수는 늘어나는 국민주로 다시 태어난 것입니다.

삼성전자는 2018년 5월 4일 주당 액면가를 50분의 1로 낮추는 액면분할을 단행했습니다. 그 결과 1주당 200만 원에 달하는 주가가 5만 원대가 되었습니다. 그리고 과거 황제주의 대명사인 롯데칠성도 액면분할을 했습니다. 롯데칠성은 1주당 가격이 298만 원(2015년 5월 19일)이던 시절도 있었습니다. 액면분할 이후 롯데칠성은 황제주의 자리를 물려주었습니다.

1주당 가격이 너무 높으면 투자자들이 사고팔기가 어렵습니다. 그래서 액면분할을 하면 거래가 활발해지는 경향이 있습니다. 거래량과 주가 상승이 비례하는 경향이 존재하기에 액면분할은 실제 가치를 높이는 방법으로도 활용됩니다.

시가총액이 중요한 이유

기업의 주가보다는 시가총액을 보라고 권하고 싶습니다. 시가총액은 상장된 주식을 시가로 평가한 금액입니다. 발행한 주식 수에 현재 주가를 곱해서 산출합니다. 회사의 규모나 회사의 가치를 다른 회사와 공평하게 비교해볼 수 있습니다. 전체 상장종목의 시가총액을 구해보면 주식시장 전체의 규모를 알 수 있어서 주가지수보다 더 실감할 수 있습니다.

2021년 2월 8일 종가 기준으로 국내 증시의 시가총액 1위는 삼성전자입니다. 그다음은 SK하이닉스, LG화학, 네이버, 삼성바이오로직스, 삼성SDI, 현대자동차, 셀트리온, 카카오 순입니다.

워런 버핏의
투자 방법론은?

#가치투자자 워런 버핏 #경제적 해자를 갖춘 기업
#사업체를 소유한다는 마음

점심 한 끼를 같이 하는데 234만 5,678달러(약 26억 1,000만 원)를 내야 하는 사람이 있습니다. 전설의 투자자라고 불리는 워런 버핏입니다. 이 사람은 주식투자로 세계 제일의 부자가 된 사람입니다. 억만장자라는 말이 붙죠.

도대체 어떻게 주식투자로 부자가 됐는지 궁금해하는 사람이 많아서 이 사람과 점심 한 끼 값이 이렇게 높아진 것이죠. 점심은 보통 3~4시간 이어지는데, 만약 내가 그 점심에 낙찰되면 친구를 7명까지 데려갈 수 있다고 합니다.

혹시라도 만날 그날을 대비하며 워런 버핏에 대해 알아봅시다.

주식투자의 기본, 가치투자의 신봉자

11살 때 주식투자를 시작했다는 그는 투자 원칙이 있습니다. 많은 주식이 아닌 소수 주식에 집중 투자하고, 단기적인 주가 오르내림에 흔들리지 않고 꿋꿋하게 보유했습니다.

집중 투자 대상을 선택하는 기준은 강력한 경영자가 관리하는 뛰어난 회사인가, 진정으로 이해할 수 있는 기업인가, 뛰어난 회사 중에서도 가장 뛰어난 회사인가입니다. 만약 회사를 골랐다면 주가는 항상 움직이는 것이기 때문에 장기적으로 보유해야 한다는 것입니다. 주식을 소유하는 게 아니라 사업체를 소유한다고 생각하라고 워런 버핏은 주장합니다. 버핏은 "만일 당신이 투자자라면 기업이 어떻게 될 것인지에 관심을 갖고 살피겠지만, 투기꾼이라면 기업과 관계없이 주가가 어떻게 될 것인지에만 관심을 갖게 될 것"이라고 말했습니다.

경제적 해자를 갖춘 기업

워런 버핏이 투자할 기업을 선택할 때 중요하게 거론되는 개념이 하나 있습니다. '경제적 해자'가 그것입니다. 해자는 성을 방어하기 위해 성 둘레에 구덩이를 파고 물을 채운 것입니다. 그러면 큰 호수 가운데 성이 있는 모양이 됩니다. 적군으로서는 성을 점령하기 쉽지 않습니다. 이것을 투자에 접목하면, 경쟁자가 따라잡기 힘든 경쟁력을 갖춘 기업이 높은 가치를 갖는다고 할 수 있습니다. 워런 버핏은 해자로 비유될 수 있는 독보적 우위를 확보한 기업을 찾아 투자합니다.

워런 버핏은 사회를 위한 기부로도 유명합니다. 재산의 99%를 기부하겠다고 약속한 워런 버핏은 2006년 이후 그가 소유한 투자회사 버크셔 해서웨이 주식을 해마다 내놓고 있습니다. 2020년에도 29억 달러(약 3조 4,600억 원) 규모 주식을 기부했습니다. 2020년까지 그의 누적 기부 금액은 약 370억 달러(약 44조 원)에 달합니다.

해자

CHAPTER 02

나에게 꼭 맞는
투자 방법 찾기

나의 투자 성향은 공격적, 보수적?

#투자 위험 등급 #공격투자형 #적극투자형 #위험중립형 #안정추구형 #안정형 #엄격해지는 투자 위험 관리

투자는 수익을 얻기 위해 손실 위험을 부담하는 행위라 할 수 있습니다. 투자에 나서는 사람들의 목표는 하나입니다. 일정한 위험 수준에서 수익을 극대화하거나, 일정한 수익 내에서 위험을 극소화하는 것입니다.

일단 나 자신을 아는 것이 중요합니다. 증권회사에 계좌를 만들거나 펀드에 가입할 때는 투자위험 등급을 파악하기 위한 질문에 답변해야 합니다. "뭐 이렇게 묻는 게 많아?" 하면서 작성해보신 분도 있을 겁니다. 주로 과거 투자 경험이나 투자 기간, 목표수익률 등을 묻습니다. 직접 가서서 한번 받아보면 자신의 성향을 알 수 있을 것입니다.

5가지 등급 중 나의 유형은

등급은 5가지로 나뉩니다. 손실 위험에 상관없이 무조건 높은 수익률을 원하는 공격투자형, 시장보다 높은 수익률을 추구하는 적극투자형, 시장 평균 정도면 만족하는 위험중립형, 약간의 손실 위험은 있지만 예금보다는 높은 수익률을 얻고 싶은 안정추구형, 손실을 최소화하면서 안정적인 수익률을 얻으려는 안정형이 그것입니다.

공격투자형이라면 파생상품, 그것도 시장과 반대로 움직일 때 돈을 벌 수 있는 인버스, 투자금의 몇 배의 수익을 추구할 수 있는 레버리지 파생상품, ELW, CP, 회사채, 해외국채 등 모든 모든 상품에 투자할 수 있습니다. 빚내서 하는 신용거래, 관리종목, 외화주식 등 초고위험 상품 역시 가능합니다.

적극투자형은 원금비보장형 상품, 주식형 펀드 등이 고위험 상품에 투자할 수 있습니다.

위험중립형과 안정추구형은 중위험, 저위험 상품이 가능한데 원금을 보장하거나 원금을 부분 보장하는 상품이 많습니다. 안정형이라면 국고채, 통안채, 지방채, 특수채, RP 등 손실이 나지 않는 초저위험 상품이 가능합니다.

주식 직접투자는 어느 정도의 손실 위험은 가져갈 수밖에 없기 때문에 잃는 게 죽기보다 싫다면 신중하게 접근하는 것이 좋습니다.

투자 위험 관리 의무화

2020년 3월 이후, 금융소비자가 금융투자상품의 원금손실 위험을 직관적으로 이해할 수 있도록 금융투자상품의 위험등급 설명 의무 제도가 새롭게 도입되었습니다. 이를 위해 금융투자업자는 금융투자상품의 위험등급을 사전에 산정했습니다.

그리고 고위험 상품에 투자할 때는 사전 교육을 받고, 계좌에 일정 금액 이상을 예치해야만 하도록 했습니다. 예를 들어 주가지수의 2배 이상 수익을 추구하는 레버리지 거래에 기본 예탁금과 사전 교육 제도가 의무화되었습니다.

2020년 9월 7일 이후에 증권계좌를 개설한 신규 투자자는 최초 투자일부터 3개월까지 예탁금 1,000만 원을 보유해야 레버리지 ETF 등을 매수할 수 있습니다. 그리고 신규 투자자와 기존 투자자 모두 한국금융투자협회 금융투자교육원의 '레버리지 ETP 가이드 과정'을 반드시 이수해야만 합니다.

공격적으로 투자해야만 효과적일까?

#공격적인 투자상품과 안정적인 투자상품 #성향에 따른 투자상품 선택 #안정적인 투자도 가능

앞서 얘기한 투자 위험 등급은 펀드에 가입할 때 주로 쓰입니다. 초고위험 등급에 속해 있는 게 주식 비중이 70% 이상인 주식형 펀드입니다. 2등급인 적극투자형에 들어있는 펀드가 배당주펀드 정도이고, 3등급 아래로 가면 채권이 혼합된 펀드가 주로 나옵니다.

위험도와 나의 성향에 알맞게 투자해야

주식 직접투자는 사실 펀드 투자보다 더 위험부담이 많습니다. 펀드만큼 많은 포트폴리오를 짤 수도 없는 데다, 채권이 전혀 없는 순수한 종목 투자이기 때문입니다. 매우 공격적이지 않은 나는 주식 직접투자에 적합하지 않다고 생각할 수도 있습니다. 그러나 1,000원짜리부터 100만 원짜리까지 다양한 주식이 있듯, 투자자들이 고를 수 있는 종목의 폭은 거의 무한대입니다. 삼성전자와 같은 대형주나 KT와 같은 고배당주 등은 비교적 안정적이면서 배당이라는 보너스를 주기 때문에 웬만한 적금보다 나을 수 있습니다.

또 코스피나 코스피200, Ktop30과 같이 대형 우량주 여러 종목에 투자하는 방법도 있습니다. ETF가 대표적입니다. ETF는 주가지수와 연계된 펀드상품인데, 주식과 똑같은 방법으로 사고팔 수 있습니다. 가장 거래량이 많은 코덱스200은 우리나라 대표 종목 200개에 한꺼번에 투자하는 효과가 있습니다.

그밖에 우리나라 고속도로나 9호선 등에 투자하는 인프라 종목도 있고, 대형 오피스의 임대 수익을 받을 수 있는 종목도 있습니다. 이건 주식이지만 소액으로 부동산 투자에 나서는 것과 비슷한 효과를 냅니다.

매우 공격적이지 않아도 본인에게 맞는 종목을 고르고, 한꺼번에 투자하기보다는 적립식으로 꼬박꼬박 모아가면 주식 직접투자로도 원하는 수익률을 올릴 수 있습니다.

03 단기투자와 장기투자

#기간보다 철학과 목표가 중요 #위험 수용도를 고려
#가치투자도 단기에 가능

단타라고 많이 들어보셨을 겁니다. 단기투자의 준말인데, 사실 어감이 좋지 못합니다. 먹고 튀는 '먹튀'와 비슷할 정도로 가치투자를 외치는 요즈음에는 좋지 못한 투자 방법으로 여겨집니다.

장기투자는 가치투자와 비슷하게 쓰이는 게 사실입니다. 요즘 주식을 잘하는 사람은 다 가치투자자라고 할 정도로 장기투자, 가치투자가 옳은 것처럼 얘기합니다. 좋은 주식을 발굴해서 오랜 기간 보유하는 게 진짜 주식투자라고 합니다.

그런데 과연 그럴까요? 사실 기간은 중요하지 않습니다. 내가 목표로 하는 수익률이 10%인데, 이게 운이 좋게도 하루 이틀에 달성이 되면 팔고 나오는 게 왜 단타라고 평가절하돼야 하나요.

중요한 것은 기간이 아닌 철학

기간보다는 본인의 투자 철학이 중요합니다. 나의 위험 수용도(예를 들면 목표수익률 10%, 손실 감내 -10% 등), 투자기간(여윳돈이니까 1년 이상 가능한지, 3개월 뒤 내야 하는 전세금인지), 여러 가지 제약조건(손실이 나면 스트레스를 너무 받는지, 좀 참고 기다릴 수 있는지) 등을 감안하는 나에 대한 기본적 분석이 필요합니다. 그 뒤에는 경제가 어떤지를 본 뒤 산업을 분석하고, 기업을 분석하는 방법, 위에서 아래로 내려온다고 해서 톱-다운Top-Down 방식이라고 부르는 방법으로 종목을 고르고, 나의 성향에 맞게 투자하면 됩니다.

가치투자라는 게 장기투자로 많이 인식되지만 저평가된 주식을 골라 고평가되기 전에 파는 게 가치투자입니다. 흙 속의 진주를 찾아 그 진주가 내가 생각하는 제 가치를 인정받으면 기간과 관계없이 투자하는 게 맞습니다.

> **생각을 키우는 Q**
>
> 나에게는 장기투자와 단기투자 중 어떤 방식이 더 적합한가요?
>
> --
>
> --

04

코넥스와 스팩

#장내시장 진입 전 기업 투자 #기업 인수 목적 회사
#고위험 투자

앞에서 말한 코스피와 코스닥을 다시 한번 정리하면 정규시장입니다. 코스피는 매출 규모가 큰 대형주 위주의 유가증권시장의 지수를 일컫는 말인데, 코스피시장이라고 합니다.

코스닥은 규모는 작지만 성장성이 큰 회사들이 모인 시장입니다. 코스닥은 원래 벤처 활성화 정책에 따라 미국의 나스닥처럼 기술이 우수한 회사를 모아놓은 제2의 시장이었습니다. 지금은 중소기업, 벤처 등이 모여 있고, 코스피와 함께 정규시장으로 거래가 되고 있습니다.

이 두 시장에 상장이 되기 위해서는 상장 요건이란 것을 만족해야 합니다. 코스닥시장에 들어가기 위해서는 자기자본이 30억 원 이상이면서 자기자본이익률 10% 이상, 당기순이익 20억 원 이상, 매출 100억 원 이상 중 한 가지 조건을 충족해야 합니다. 코스피 상장 요건은 더 까다롭습니다.

이런 요건을 만족하는 회사는 한국거래소에 상장예비심사를 요청하게 됩니다. 상장을 해도 될 회사인지 위원회에서 결정해 예비심사를 통과하면 상장 절차에 들어가게 됩니다.

코넥스는 코스닥 상장 예비 기업을 위한 시장

현재는 이런 요건을 만족하지 못하는데, 조금만 더 성장하면 코스닥시장에 들어올 예비 기업들이 있겠죠. 이런 기업들을 위한 게 2013년 7월에 열린 코넥스시장입니다. 이름도 'Korea New Exchange'입니다.

창업 초반 기업의 가장 큰 문제가 자금난인데요. 은행에서 대출을 하고 싶은데, 성장성만으로는 대출이 쉽지 않을뿐더러 투자자들로 자금을 모으기도 쉽지 않습니다. 이렇게 자금줄이 막히면 회사가 바로 어려워집니다. 이런 성장성이 큰 기업들이 시장에서 자금을 조달할 수 있게 시장을 열어준 것입니다. 코넥스 기업 중에서는 앞서 말한 상장 요건을 만족하지 않아도, 특별하고 유망한 기술이 있다면 상장 특례를 적용해 코스닥으로 이전해 상장시켜주기도 합니다. 2015년 상반기 이런 기술 성장 기업들이 엄청난 주가 상승률을 보이면서 코넥스 기업에 대한 관심도 커졌습니다.

스팩은 상장을 쉽게 하기 위한 M&A 전문 회사

스팩은 상장 수단 정도로 이해하면 됩니다. 스팩도 종목 코드가 붙어서 실시간으로 거래가 되는 종목입니다. 스팩은 실제 사업이나 영업 활동은 하지 않고, 등기상으로만 존재하는 회사입니다. 목적은 단 하나, 바로 합병입니다. 그래서 이름이 SPAC Special Purpose Acquisition Company (기업 인수 목적 회사)입니다.

비상장사 가운데 유망한 회사가 스팩과 합병을 하면 스팩은 껍데기가 되고, 알맹이는 유망 비상장사가 돼 결국 유망 비상장사가 그 종목 코드를 갖게 됩니다. 스팩은 합병과 함께 사라집니다. 좋은 비상장사에 투자할 수 있는 수단이 되고, 만약 합병에 실패해도 청산할 때 투자금에 약간의 이자가 붙어 보존되니 눈여겨보시길 바랍니다.

네이버 증권에서 '스팩'을 검색하면 53개 종목이 코스닥에 상장되어 있습니다. 다른 주식 종목과 똑같은 방법으로 사고팔 수 있습니다.

거래량이 많은 한화에스비아이스팩을 선택해서 살펴보면 다른 주식 종목처럼 주가의 흐름, 시가총액 등의 정보를 확인할 수 있습니다.

금융검색

금융홈 > 금융검색

'스팩' 검색결과 (총54건)

국내종목 (53) ∨ 펀드 (1) ∧

종목명	현재가	전일대비	등락률	매도호가	매수호가	거래량	거래대금(백만)
유안타제3호스팩 [코스닥]	3,870	▼175	-4.33%	3,900	3,870	137,246	533
삼성스팩2호 [코스닥]	2,180	-0	0.00%	0	0	0	0
SK4호스팩 [코스닥]	2,015	-0	0.00%	0	0	0	0
하나머스트6호스팩 [코스닥]	2,205	▲25	+1.15%	2,205	2,200	44,605	98
교보8호스팩 [코스닥]	3,400	▼545	-13.81%	3,400	3,395	625,403	2,227
상상인이안1호스팩 [코스닥]	2,045	▲5	+0.25%	2,050	2,040	13,144	27
엔에이치스팩13호 [코스닥]	2,175	▲25	+1.16%	2,180	2,175	49,063	106
한국제8호스팩 [코스닥]	2,120	-0	0.00%	2,120	2,100	1,379	3
키움제5호스팩 [코스닥]	2,115	-0	0.00%	2,115	2,095	2,096	4
유안타제4호스팩 [코스닥]	2,120	-0	0.00%	2,110	2,100	2,619	6
케이비17호스팩 [코스닥]	2,095	▲5	+0.24%	2,100	2,095	4,711	10
한화에스비아이스팩 [코스닥]	2,915	▼470	-13.88%	2,935	2,915	1,104,342	3,548
엔에이치스팩14호 [코스닥]	5,270	▲20	+0.38%	5,300	5,270	271,952	1,454
유진스팩4호 [코스닥]	2,115	▲20	+0.95%	2,115	2,080	9,792	21
이베스트이안1호스팩 [코스닥]	2,060	▲10	+0.49%	2,060	2,050	14,418	30
신영스팩5호 [코스닥]	2,150	▲10	+0.47%	2,150	2,125	2,242	5
케이비제18호스팩 [코스닥]	2,065	▲10	+0.49%	2,065	2,050	23,855	49
미래에셋대우스팩3호 [코스닥]	2,100	▼25	-1.18%	2,100	2,090	31,233	66
상상인이안제2호스팩 [코스닥]	2,035	-0	0.00%	2,040	2,035	5,906	12
케이비제19호스팩 [코스닥]	2,090	▲10	+0.48%	2,085	2,070	10,655	22

| 1 | 2 | 3 |

[네이버 증권]의 스팩 종목 목록

한화에스비아이스팩 주가 현황

공모주는 황금알을 낳는 거위인가?

#기업공개에 참여 #SK바이오팜 #카카오게임즈
#빅히트엔터테인먼트 #높은 경쟁률 #배정 주식 수 낮음

2020년 공모주 시장은 뜨거웠습니다. 6월 24일 마감한 SK바이오팜 공모주 일반청약에 몰린 증거금은 31조 원이었습니다. 지금까지 공모주 일반청약 증거금 중 최고액이었습니다. 경쟁률도 323 대 1에 달했습니다. 이 또한 역대 최고 기록이었습니다. 얼마 지나지 않아 이 기록은 깨졌습니다. 9월 1~2일 카카오게임즈 공모주 일반청약 마감 결과 최종 경쟁률이 1525 대 1로 집계됐으며, 청약증거금은 58조 6,000억 원에 달했습니다. 그리고 10월 5~6일에 이뤄진 빅히트엔터테인먼트 일반 공모주 청약에는 총 58조 4,236억 원의 증거금이 몰렸고. 경쟁률은 606.97 대 1을 기록했습니다.

공모주 청약 열풍, 한 번쯤은 접해봤을 것입니다. 공모주는 기업공개IPO를 하는 과정에서 일반인 투자자를 대상으로 매각하는 주식을 말합니다. 기존 비상장 상태일 때는 소수 주주로만 구성돼 있었지만, 상장을 위한 기업공개를 하면 주식을 여러 사람에게 분배해야 합니다.

주식의 대중화를 위한 첫 단계로 공모주 청약을 받습니다. 회사의 가치를 판단해 공모가가 결정되면, 일반 투자자들에게 모집 공고를 냅니다. 공모주를 사려면 해당 증권사를 통해 공모주 청약을 하면 됩니다. 이때 청약증거금이라는 것을 넣어야 합니다. 배정하겠다는 공모주보다 사겠다는 사람이 많으면 경쟁률이 생기고, 경쟁률만큼 배정됩니다. 카카오게임즈의 경우 9,600만 원의 증거금을 넣은 사람이 겨우 5주를 받았습니다.

잘 고른 공모주는 뛰어난 수익률

투자자들이 공모주에 몰리는 이유는 높은 수익을 기대하기 때문입니다. 2020년 증시에 입성한 SK바이오팜은 같은 해 12월 11일 기준 공모가 대비 256.12%, 카카오게임즈의 경우 97.91%의 수익률을 기록했습니다. 물론 2020년 이전에도 공모주가 상승하는 일이 잦았습니다.

공모가 대비 주가가 2~3배 되는 일이 늘어나자 공모주가 황금알을 낳는 거위라고 입소문을 탔습니다. 요즘 청약 경쟁률이 워낙 세다 보니 더 많은 돈을 넣어야 공모주를 더 많이 받을 수 있습니다. 이 때문에 주부들 사이에서 공모주계가 생겨나고 있다고 합니다. 재테크 관심족들은 인터넷에서 공모주 카페를 만들어 공모주를 더 많이 받기 위한 그룹을 만들기도 합니다.

공모주는 상장을 주관하는 증권사 몇 곳이 나눠 청약을 받습니다. 배정 주식이 많은 증권사나, 내가 평소 거래를 많이 해 우대를 받는 증권사를 찾아 청약을 하는 게 조금이라도 더 많은 주식을 배정받는 방법입니다.

상장의 절차와
상장폐지

주식시장에 상장하려면 선행단계, 준비단계, 상장단계를 거쳐야 합니다. 이는 코스피시장이나 코스닥시장이나 유사합니다.

일단 상장을 희망하는 비상장 회사가 한국거래소에 상장 신청을 하고, 한국거래소는 소정의 심사기준에 따라 심사 후 적당하다고 인정되는 경우에 상장을 결정하게 됩니다. 이후 기업은 상장신청서를 제출하면 금융당국에서 증권신고서를 수리하게 됩니다.

상장 요건은 크게 기업 규모(자기자본, 매출액), 분산요건, 재무요건(영업이익, 경상이익, 당기순이익), 안정성, 건전성, 기타 요건 등을 충족할 것을 요구합니다.

유가증권시장의 경우 3년 이상 영업 활동을 한 회사가 100억 원 이상이거나 기준시가 총액 200억 원 이상의 자기자본을 가지고 있어야 합니다. 상장 주식도 100만 주 이상이어야 합니다.

주요 재무요건은 최근 3년 평균 매출액 200억 원, 최근 사업연도 300억 원 이상, 최근 사업연도 이익액이 25억 원 이상이고, 최근 3년도 합계 50억 원 이상이어야 합니다.

그런데 예기치 못해 증시에서 떠나야 하는 경우도 있습니다. 바로 상장폐지입니다. 유가증권시장의 경우 사업보고서를 제출기한으로

부터 10일 이내에 제출하지 못하거나, 회계법인에서 감사의견 부적
정, 거절을 받은 경우입니다. 또 자본 전액 잠식이나 50% 이상 자본
잠식이 2년 이상 계속되는 경우, 또 2년 연속 소액주주 수가 200명
미만이거나 10% 미만이어도 상장폐지 사유에 해당합니다.

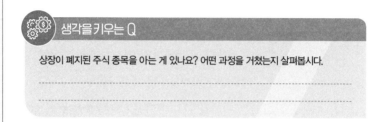

생각을 키우는 Q

상장이 폐지된 주식 종목을 아는 게 있나요? 어떤 과정을 거쳤는지 살펴봅시다.

06

장외주식 거래 방법

#장외주식 사고팔기 #K-OTC
#매우 큰 위험성

공모주가 상장 직전의 주식이라면 장외주식은 그 전 단계의 주식이라고 할 수 있습니다. 비상장사의 소수 주주 주식이 장외주식입니다. 앞에서 코스피와 코스닥을 장내시장이라고 했죠? 장외주식은 그 반대되는 개념입니다. 상장되지 않은 비상장주식이 바로 장외주식이고, 이 주식 역시 활발하지는 않지만, 거래가 됩니다.

코스닥 상장 규정(자기자본이 30억 원 이상이면서 자기자본이익률 10% 이상, 당기순이익 20억 원 이상, 매출 100억 원 이상 중 한 가지 조건을 충족)에 부합하려면 회사가 만들어지고 꽤 오랜 시간 성장을 해야 합니다.

될성부른 떡잎에 초기 투자를 하고 싶다면 장외 주식에 관심을 가져볼 만합니다. 증권사에서 장외주식 거래를 주선하기도 하고, 장외

금융투자협회 K-OTC 사이트

주식 거래를 전문으로 하는 업체들도 있습니다. 개인 간 거래를 하기도 하는데, 중고거래처럼 사기의 위험이 있으니 잘 확인해야 합니다.

금융투자협회가 운영하는 K-OTC는 가장 대표적인 장외주식 시장으로 종목 정보, 투자 방법, 투자 관련 정보, 공시 등을 안내합니다. 이를 참고로 삼아, 증권회사의 HTS를 통해 K_OTC에 등록된 비상장 종목들을 거래할 수 있습니다.

장점 있지만 리스크에 주의해야

공모주가 상장이 결정된 주식이어서 상장 프리미엄이 이미 붙어 있는 반면, 장외주식은 긴 시간 인내심을 갖고 투자해야 하므로 상대적으로 싸게 거래되기도 합니다. 초기에 투자하면 액면가로 주식을 받을 수도 있습니다. 액면가는 500원, 비싸야 5,000원인데, 상장 작업이 시작되면 몇백 배의 수익을 올리는 경우도 나옵니다. 이 때문에 벤처캐피털, 사모펀드 등이 장외주식투자에 열을 올립니다.

카카오게임즈는 2018년 11월쯤에 비상장주식 신탁상품으로 만들어져 많은 투자를 받았습니다. 당시 가격은 2만 500원이었는데 2년이 채 되지 않은 시점에 공모가 2만 4,000원으로 상장됐습니다. 공모 시점에서 수익률은 크지 않았습니다. 그러나 공모 청약의 경쟁률이 너무 높아 배정받는 주식이 매우 적었던 것을 고려하면 효과적인 투자라 할 수 있습니다. 카카오게임즈는 공모 상장 첫날 6만 2,400원에 상한가 마감한 데 이어 이튿날에도 상한가였던 8만 1,100원으로 마감하며 높은 수익률을 기록했습니다. 비상장 주식으로 투자한 사람들은 충분한 물량을 확보하여 투자 원금 대비 4배의 수익을 챙겼습니다.

하지만 비상장주식은 매우 위험이 큰 분야입니다. 엄청난 수익을 올릴 수 있는 반면, 상장이 무산되면 그만큼 손실이 발생할 수도 있습니다. 또 장내시장이 아닌 장외시장이기 때문에 거래가 어려울 수도 있으니 주의해야 합니다. 팔고 싶을 때 매수자를 쉽게 찾을 수 없다는 뜻입니다. 세금 문제도 있습니다. 상장주식 매매차익은 비과세이지만, 비상장주식을 매매할 때는 양도소득세가 발생합니다.

주식과 펀드는 어떻게 다른가?

#직접투자와 간접투자 #수수료 차이
#펀드 선택 요령

주식은 통상 직접투자, 펀드는 간접투자라고 말합니다. 주식 직접투자는 종목을 고르고 매수 주문을 내는 행위를 내가 스스로 하는 반면, 펀드는 펀드매니저나 자산운용사가 대신해주고 그 대가로 운용 수수료를 받습니다.

A라는 기업에 투자를 하고 싶으면 해당 기업을 사야 하는데 현실적으로 그 기업 전체를 모두 사는 것은 불가능합니다. 그 기업의 가치를 잘게 쪼갠 주식을 사면 적은 돈으로도 해당 기업을 사는 것과 같은 효과를 냅니다. 이런 상장주식을 사는 게 우리가 말하는 직접투자입니다.

적은 돈으로도 여러 종목에 투자

펀드는 여러 사람(펀드에서는 수익자라고 합니다)의 돈을 모아 대신 투자하고 수익을 투자자에게 돌려주는 상품입니다. 10만 원이 있는데 이 돈으로는 여러 종목을 사는 게 쉽지 않습니다.

그러나 투자자들의 자금을 모으는 펀드를 이용하면 적은 돈으로도 여러 종목에 투자할 수 있습니다. 투자하는 상품이 주식, 채권, 부동산 등 여러 곳이어서 주식형펀드, 채권형펀드, 리츠, 상품펀드 등으로 다양합니다.

시간과 자금이 부족한 개인들이 투자금을 한곳으로 모아 자산운용사에 주면, 전문 지식과 풍부한 경험을 지닌 전문가인 펀드매니저가 대신해 투자해줍니다. 펀드매니저들은 정보도 빠르고, 돌발 위험에도 빠르게 대처할 수 있습니다.

펀드는 적은 돈이 모여도 엄청나게 규모가 커질 수 있습니다. 만약 사고가 나면 피해자들이 매우 많아지겠죠? 이럴 경우에 대비하기 위해 정부가 엄정한 심사를 거쳐 펀드를 만들 수 있게 해놨습니다.

주식투자는 내가 하기 때문에 거래하는 데 드는 비용 말고는 따로 들어가는 수수료가 없습니다. 그러나 펀드에는 은행이나 증권사 등에 주는 판매수수료, 판매보수와 함께 운용사에게 운용 대가로 주는 운용보수, 펀드의 재산 보관과 관리를 해주는 신탁회사에 주는 신탁보수 등이 있습니다.

또 펀드투자로 얻은 수득에는 15.4%(소득세 14%, 지방소득세 1.4%)의 세율이 적용됩니다.

펀드를 고를 때는 펀드의 규모나 운용기간, 과거 수익률, 투자위험, 수수료 등을 챙겨서 따져봐야 합니다. 또 펀드를 운용하는 사람이 자꾸 바뀌는 펀드는 좋지 않은 수익률을 낼 수 있으니, 운용하는 펀드매니저의 경력과 운용 철학 등을 꼼꼼히 살펴보는 게 좋습니다.

ETF는 주식인가, 펀드인가?

#상장지수펀드 #주식처럼 매매
#다양한 종목

ETF는 '상장지수펀드'입니다. 이름만 보면 펀드라고 오해하기 쉽지만, 사실은 주식에 가깝습니다. 개별 종목의 고유명사라 할 수 있는 종목 코드가 달려있습니다. 펀드를 종목처럼 실시간으로 사고팔 수 있다고 생각하면 쉽습니다. 펀드 중에서도 일정 지수를 따라가는 인덱스펀드를 종목화했다고 보면 됩니다.

2020년 12월 말 기준 국내에 상장된 ETF는 총 468종목입니다. 종목 수 기준으로 아시아 1위, 세계 6위입니다. 순자산총액도 52조 원에 달합니다. ETF만 투자해도 포트폴리오를 짤 수 있을 정도로 다양한 종목이 거래되고 있습니다. 국내의 대표적인 ETF인 코덱스 200, 코덱스200레버리지, 코덱스인버스 종목을 살펴봅시다.

실시간 대응이 장점

코덱스200은 우리나라 대표 종목 200개로 만든 코스피200지수를 따라가는 ETF입니다. 삼성전자, 현대차 등 대형 우량주에 분산 투자하고 싶은 투자자라면 눈여겨볼 만합니다.

만약 인덱스펀드에 투자한다면 내가 환매하고 싶을 때 해도 당일 종가나 다음날 종가로 환매가 됩니다. 만약 장중에 급락이 나타났다가 종가에 회복했다면 더 싸게 살 기회를 놓칠 수밖에 없습니다. 하지만 코덱스200은 내가 사고 싶은 그 저점에 바로 살 수 있습니다. 실시간 대응이 더 쉽고, 수수료도 더 싸 내가 펀드매니저가 돼 인덱스펀드를 직접 운용한다고 생각하면 됩니다. HTS나 MTS 종목란에 069500을 치고 실시간으로 움직이는 주가를 보면 됩니다.

코덱스200레버리지는 코스피200 지수의 2배를 따라가는 ETF입니다. 만약 코스피200이 2% 올랐다면 4% 가까이 수익률이 나올 수 있습니다.

코덱스인버스는 하락할 때 하락한 만큼 수익을 내는 '청개구리' 상품입니다. 매월 일정액으로 인덱스를 사서 적립식으로 투자하고, 지수가 심하게 조정을 받을 때는 인덱스가 아니라 레버리지를 사서 2계좌를 운영하면 수익률을 끌어올릴 수 있습니다.

1위 상품이어서 코덱스를 예로 든 것이지, 각 자산운용사에서 내놓은 ETF 종목이 많습니다. 지수를 복제하는 것이어서 큰 차이는 없지만 지수와 괴리가 적고, 환금성 부분 거래가 받쳐주는 ETF를 고르는 게 좋습니다.

지수 말고 업종이나 테마형도 많이 나와 있습니다. 자동차주가 좋아 보이면 현대차나 기아차 한 종목을 사는 것보다는 자동차 ETF, 중국 소비 테마가 좋다면 관련 먹거리, 엔터테인먼트, 화장품주 등에 투자하는 한류 ETF, 바이오가 차세대 주도주가 될 것 같으면 바이오 ETF를 사는 식으로 투자할 수 있습니다.

생각을 키우는 Q

HTS나 증권 포털을 통해 가장 대표적인 ETF 종목을 살펴봅시다. 관심을 끄는 종목이 있나요?

ETN과 ELS, DLS

#ETF와 유사한 ETN #주가 연계 증권 ELS
#ELS의 사촌 ELB, DLS

ETN은 앞에서 말한 ETF와 거의 같습니다. 운용하는 주체가 운용사냐 증권사냐, 만기가 있냐 없냐의 차이인데 투자자 입장에서 체감할 만한 큰 차이는 없습니다. ETN 역시 종목 코드를 치고 들어가면 종목처럼 실시간을 변하는 시세와 매수, 매도를 바로 할 수 있습니다.

투자자 A씨는 바이오 열풍으로 국내 헬스케어 주가가 좋을 것 같다는 생각을 합니다. 한 회사를 고르자니 위험이 크고, 국내 헬스케어 회사에만 투자하는 펀드는 찾기 어렵고, 국내 헬스케어 주가 움직임에 따라 똑같이 움직이는 상품을 찾고 싶습니다. 이럴 땐 헬스케어 테마주 ETN 같은 것을 사면 됩니다. 자동차 ETF나 바이오 ETF처럼 말입니다. ETN은 ETF와 함께 육성하고 있는 상품으로, ETF의 장점을 다 가지고 있으니 한번 찾아보시길 바랍니다.

종류 엄청나게 많아

ELS(주가연계증권)는 국민 재테크로 불렸습니다. 은행 예금이자보다는 높고, 주식 직접투자보다는 위험이 낮다고 해서 인기를 끌었습니다. ELS는 약속한 조건을 만족하면 정해진 수익을 돌려주는 상품입니다. 그 조건을 개별 종목이나 지수의 움직임으로 정하기 때문에 주식 관련 상품으로 보면 됩니다.

조건은 매우 다양합니다. 매주 수많은 ELS가 쏟아집니다. 3개월 후에 주가가 올라야 하는 상품, 2년 투자 기간 중 얼마 이상 오르지 말아야 하는 상품 등 아주 다양합니다. 특히 ELS는 요즘 같은 박스권 시장에서는 주식 직접투자나 펀드, ETF보다 더 수익을 내기가 좋습니다.

시장이나 종목 흐름을 전망해보고, ELS가 제시하는 조건에 맞을 확률이 높으면 그 상품을 선택하면 됩니다. 수익 조건에 만족하지 않고 손실이 날 수 있는 조건으로 주가가 움직여버리면 원금이 깨질 수도 있습니다.

ELB(주가연계파생결합사채)는 ELS와 같은 상품인데, 투자자 혼란을 막기 위해 원금이 보장되는 상품으로 재분류돼 이름이 지어졌습니다.

DLS(파생결합증권) 역시 ELS와 같은데 조건을 정하는 기초자산이 주식이 아닌 금, 은, 달러, 신용 등으로 다릅니다. 원자재 시장 예측이 필요하겠네요.

수많은 상품이 쏟아지는 만큼, 상품 설명서를 꼼꼼히 읽고 상품 판매자의 조언도 들어보는 게 좋습니다. 많이 접해보고 고민해볼수록 상품을 고르는 눈도 커집니다.

> **생각을 키우는 Q**
>
> ETN, ELS, DLS의 개념을 다시 짚어봅시다.
>
> ---
>
> ---

자문형랩과
펀드의 차이는?

#개인 맞춤형 펀드 #높은 수수료와 가입 금액
#고위험 상품에 주의

주식에 간접적으로 투자하는 방법 중 하나로 랩어카운트 상품이 있습니다. 펀드가 여러 투자자를 한데 모아 한꺼번에 굴리는 방식이라면 랩어카운트는 투자자와 증권사가 1 대 1로 계약을 맺어 내 계좌만 따로 관리해주는 방식입니다. 펀드가 기성복이라면 자문형랩은 맞춤복이라고 보면 되겠습니다.

펀드와 랩어카운트의 가장 큰 차이점은 돈이 섞이지 않는다는 것입니다. 펀드는 여러 사람이 낸 돈을 모아 한꺼번에 굴립니다. 내 돈이 다른 사람들 돈과 섞이게 됩니다.

랩어카운트는 맞춤형 투자 가능

하지만 랩어카운트는 말 그대로 개인계좌로 운영되기 때문에 다른 사람의 돈과 섞이지 않습니다. 증권사는 계좌 관리 정도만 하고, 실제 내가 투자하는 종목 추천이나 비중 조절은 투자자문사에서 해줍니다. 투자자문사는 자산운용사보다 소규모지만, 탄력적으로 공격적인 투자가 가능합니다.

기존 펀드가 백화점식 종목을 보유해 시장 전체와 큰 차이를 느끼지 못했다면 자문형랩을 통해 압축적으로 집중 투자를 할 수 있습니다. 전문가의 조언을 들으면서도 내가 내 계좌를 직접 관리할 수 있다는 게 장점입니다.

단 맞춤복이 기성복보다 비싸듯 자문형랩은 운용 수수료가 펀드에 비해 비쌉니다. 남의 돈과 섞이지 않은 내 돈으로만 포트폴리오를 짜야 하는 만큼 최소 가입 금액이 큽니다. 과거에는 5,000만 원이 최저 투자금액이었는데, 최근에는 1,000만 원까지 내려온 곳도 있으니 찾아보시길 권합니다.

랩어카운트의 가장 큰 장점은 압축, 민첩이었습니다. 그러나 2010년부터 불어온 자문형랩의 인기에 몸집이 거대해지자 민첩함이 사라졌습니다. 또 차화정, 7공주처럼 5~6종목에 집중 투자했는데, 유럽 재정 위기 때문에 이들 종목이 꺾이면서 수익률이 꼬꾸라졌습니다.

'인사이트 펀드'의 충격

이렇게 압축을 내세워 과거에 인기를 끌었던 상품도 있었습니다. 코스피가 사상 처음으로 2,000을 뚫고 신세계를 열던 2007년 10월 말 국내 최초로 글로벌 자산배분펀드가 나왔습니다.

주식과 채권의 비중을 0~100%로 자유롭게 조절할 수 있고 중국이든 미국이든, 원자재든 주식이든 돈 되는 곳은 어디에 투자하는 펀드였습니다. 기존 공모 펀드는 주식과 채권의 비중이 어느 정도를 넘으면 안 된다는 규정 같은 게 있었는데 이런 게 사라진 겁니다. 당시 펀드라면 가장 잘 했던 미래에셋자산운용의 혜안에 투자하라는 '인사이트 펀드'가 그것입니다. 이 펀드는 출시 한 달만에 펀드 설정액 5조 원을 넘기며 슈퍼스타가 됐습니다. 그러나 2008년 글로벌 금융위기 직격탄에 일반 주식형보다 더 큰 충격을 받았습니다.

자산배분펀드나 자문형랩은 일반 주식형펀드와 달리 투자에 제한이 없기 때문에 시장 상황이 좋을 때는 집중 투자해 더 좋은 성적을 올릴 수 있습니다. 그러나 경제위기를 만날 때는 그 충격이 더 클 수 있다는 점을 명심해야 합니다.

CHAPTER 03

다양한
주식투자의 방법들

어느 정도의 투자 수익률이 적당한가?

#기대수익률 #목표주가에 따라 결정
#성향과 상황을 고려

"옆집 김 씨는 1년 만에 더블이 났다더라…"

"건너편 박 씨는 주식으로 반 토막이 났다고 하던데…"

여기서 더블이나 반 토막은 수익률을 나타내는 표현입니다. 수익률은 투자한 금액에 비해 얼마를 벌었는지를 %로 표현한 것입니다. 예를 들어 주식을 1,000원에 사서 1년 뒤 2,000원에 팔았다면 (2,000-1,000)/1,000×100으로 100%의 수익률을 거둔 게 됩니다. 2배가 됐으니 더블이 났다고들 하는 거지요. 반면 1,000원짜리 주식이 500이 되면 절반으로 줄어드는데, 이 때 수익률은 -50%입니다.

중요한 것은 기대수익률

수익률은 주식투자를 얼마나 잘했는가를 보여주는 지표입니다. 투자자들이 가장 궁금해하는 게 어느 정도 수익률을 기대하고 주식을 해야 하느냐는 점입니다. 사실 주식을 하기에 앞서 가장 먼저 주식투자의 목적이 무엇인지를 분명히 할 필요가 있습니다.

기대수익률을 구하는 어려운 수학 공식도 있습니다. 여기에는 위험이 들어갑니다. 투자라는 것 차제가 미래의 결과를 생각하고 지금 나의 자산을 투입하는 것이기 때문에 미래의 산출물이 어떻게 될지 불확실성이 있습니다.

한 조사에 따르면 우리나라 주식투자자들의 연평균 기대수익률이 15% 이상이라는 답변이 절반 이상이었습니다. 7~10%가 27%, 10~15%의 수익률을 기대하는 답변이 9.5%를 차지했습니다. 잘 모르겠다는 답변도 11.8%나 됐다고 합니다.

개인마다 다르고, 상황마다 기대수익률은 다릅니다. 그보다는 주식을 살 때 "나는 어느 정도 주가에 샀고, 여러 가지 분석을 해본 결과 어디까지 오를 것 같으니 어디쯤에서 팔아서 수익을 실현하겠다"는 계획을 잡는 게 중요합니다. 내 마음속의 목표주가에 따라 수익률이 결정될 수 있습니다.

오래 보유해서 불안해하는 것보다 예금이자 이상만 나오면 된다고 생각하는 투자자라면 5%에도 팔 수 있는 것입니다. 기왕 위험 자산인 주식에 투자한 만큼 길게, 긴 호흡으로 이 회사의 가치 증가와 함께 가겠다고 하면 200%, 300%를 바라볼 수도 있습니다. 앞서 말

쏨드린 장기투자자들의 수익률은 1,000%를 넘어가는 경우도 많습니다. 10배라니, 생각만 해도 짜릿하지요!

생각을키우는 Q

내가 관심을 가진 종목을 쓰고 3개월, 6개월, 1년, 3년, 10년의 기대수익률을 기록해봅시다.

02 기본적 분석과 기술적 분석

#펀더멘털를 고려한 투자 #경기, 주식시장, 개별 종목 분석 #기술적 분석으로 매매 타이밍 포착

주식투자 방법론으로 가장 많이 거론되는 게 기본적 분석과 기술적 분석입니다. 각각 펀더멘털 투자와 차트 투자라고도 합니다.

펀더멘털은 주식투자할 때 가장 많이 듣는 단어 중의 하나입니다. 펀더멘털은 한 나라의 경제가 얼마나 건강하고 튼튼한지를 나타내는 용어로, 가장 기초적인 자료가 되는 성장률, 물가상승률, 실업률, 경상수지 등의 주요 거시경제 지표를 말합니다.

각각의 장단점이 있어

경기 변동은 일반적으로 불황기, 회복기, 호황기, 쇠퇴기 등 4가지로 나뉩니다. 주가는 이런 경기 변동에 앞서 나타나는 선행 지표입니다. 경기가 최고조에 달하기 전에 주가는 상승세에서 하락세로 접어들기 시작하고, 경기가 불황기에서 회복기로 변하기 이전에 주가는 하락세에서 상승세로 반전합니다. 주가의 향방을 예측하는 데 경기 변동을 예상해보는 것도 필요하겠죠.

증시 펀더멘털이라면 주식시장 전체의 튼튼한 정도를 말합니다. 종목 펀더멘털이라면 그 종목의 성장성, 수익성, 자본력, 경쟁 우위 등을 포함합니다.

기본적 분석이 기업이 가지고 있는 본연의 가치, 내재 가치라는 펀더멘털에 중점을 맞추는 것이라면 기술적 분석은 주가나 거래량, 거래대금 등 여러 가지 변수 추세를 보고 매매 타이밍을 잡는 투자 방법입니다.

기본적 분석은 나라 경제나 산업, 기업의 성장성 등을 광범위하게 검토하고 기업의 재무제표를 분석하여 그 주식이 갖는 본질적인 가치를 산출한 뒤, 시장에서 거래되는 실제 주가와 비교하여 매수나 매도를 판단하는 방법입니다. 주가는 실적에 비례하기 때문에 장기투자에 적합합니다.

기술적 분석의 장점은 매수 시점과 매도 시점을 찾기 쉽다는 것입니다. 모든 투자가 시간을 낚는 것이라고 생각하는 데서 출발합니다. 거래가 늘어나면서 주가가 이동평균선을 뚫고 올라가는 등 추세를 봤을 때 반등 시점이라든가, 거래가 줄어들면서 이동평균선이 아래로 배열되는 등 하락 시작 시점이라는 신호를 보여주기 때문에 유용합니다. 주가 자체가 거래 활동 등을 도표화해 일정한 패턴이나 추세를 찾아 이 패턴을 이용해 주가 변동을 예측합니다.

무엇이 옳다는 것은 없습니다. 최근에는 합리적인 투자 방안으로 가치투자의 위상이 점차 올라가는 추세입니다.

> **생각을 키우는 Q**
>
> 종목 하나를 골라서 기본적 분석과 기술적 분석을 직접 해봅시다.
>
> --
>
> --

03

단기투자가
더 효과적인가?

#방망이를 짧게 잡는 투자 #단기투자는 지속적 수익 내기 힘듦 #수수료와 증권거래세 고려해야

목표수익률을 정하는 것만큼 중요한 것이 단기투자와 장기투자를 결정하는 일입니다. 여윳돈으로 하라지만, 지금 당장 쓸 돈도 없는 상황에서 6개월 뒤 내야 하는 전세자금 증가분 등을 가지고 주식투자를 하는 사람도 있습니다. 이런 경우에는 단기투자를 할 수밖에 없습니다. 목표수익률을 낮추고 위험하지만 짧은 기간 수익을 실현하겠다는 욕심이 생길 수도 있습니다.

단기 트레이더와 중장기 투자자 둘 중 어느 한쪽이 우월하다고 할 수는 없습니다. 시장 상황에 따라 어떤 때는 단기 트레이더가 이겼고, 어떤 때는 결국 중장기 투자자들이 승리했습니다.

주위에 어떤 분은 하루 3%를 챙기면 바로 팔고 나오는 단기투자에 빠져 있었습니다. '3% 떼기'라고 나름의 투자 기법 이름도 붙여 놓았더군요. 엑셀 파일로 정리해서 수익률을 따져보니 매일 매일 복리가 돼 수익률이 더블 가까이 늘어났다고 자랑을 늘어놓았습니다. 그러나 문제는 연속성이었습니다. 한 번 '덫', '수렁'에 빠지자 그동안 쌓아놓은 더블은 온데간데없이 사라졌습니다.

단기 트레이더는 신이 아닌 이상 장기적으로 꾸준한 수익을 유지하기 어렵습니다.

단기투자는 증권거래세 등을 주의해야

잦은 매매에 따라 붙는 제반 비용도 무시 못 합니다. 매매 비용은 증권사에 제공하는 수수료와 국가에 세금으로 내야 하는 증권거래세, 두 가지입니다. 증권사들의 경쟁이 치열해지면서 온라인이나 모바일 수수료는 거의 제로에 가까워졌지만, 매도 시 자동으로 정산되는 0.3%의 증권거래세가 쌓이면 무시무시한 금액이 됩니다.

한 달에 1회전의 매매를 1년간 한다고 가정하면 1년 동안 3.6%의 증권거래세를 내야 합니다. 이는 은행 1년 정기예금의 두 배에 가까운 수준입니다.

앞서 말씀드린 매일 수익을 실현하는 데일리 트레이더라면 한 달 20영업일 기준으로 연간 72%의 증권거래세를 내야 합니다. 1년 주식 농사에서 수익을 내기 위해서는 최소 72% 이상의 수익을 달성해야 한다는 의미입니다.

04

분할매수와 분할매도

#시점을 나누어 사고팔기 #코스 에버리징 효과
#매매 타이밍 불명확할 때 효과적

펀드에 적립식 바람이 불었을 때가 있었습니다. 2005~2008년 펀드 붐을 이끈 게 바로 소액을 매월 적립하는 적립식 투자였습니다. 적립식 투자는 목돈을 한꺼번에 넣는 거치식 투자와 대비되는 개념입니다. 적립식, 적립식 하다 보니 적립식 투자가 마치 원금을 보장해주는 것처럼, 펀드가 적립식 펀드인 것처럼 오해를 받을 정도였습니다.

적립식 투자 열풍이 분 것은 한국인들이 정기적금을 넣는데 익숙했기 때문이기도 합니다. 저축의 습관이 이어져 투자 방식이 된 것입니다. 이러한 적립식 투자는 여러 면에서 장점이 있습니다. 잘 활용하면 유익한 기회가 됩니다.

코스트 에버리징 효과란

적립식의 마법이라는 말이 있습니다. 여기에는 코스트 에버리징 cost averaging이라는 이론이 자리 잡고 있습니다. 주가가 오르락내리락을 반복하는데, 그 과정에서 싸게 사서 비싸게 산 부분을 상쇄해주는 것입니다. 미래에 주가는 꾸준히 오를 것이라는 전제에서 출발하기는 하지만, 여러 번에 나눠 사면 위험을 줄일 수 있고 더 높은 수익을 올릴 수도 있습니다. "달걀을 한 바구니에 담지 마라"는 투자 격언과 함께 "나누어서 사고 나누어서 팔아라"는 투자 격언이 있는 것도이 이유입니다.

만약 10만 원을 가지고 1만 원짜리 주식 10주를 전부 샀다면, 10만 원 이상이 돼야 수익을 올릴 수 있습니다. 주가가 10만 원 이상으로 올랐다가 다시 내려가면 손실을 입게 됩니다. 그러나 1만 원짜리 주식을 1주씩, 10번에 나눠 샀다면 주가가 하락할 때 혹은 오를때 단가가 더해져 평균 매수 단가가 8만 원으로 내려가고, 10만 원이어도 수익률이 0%가 아닌 25%가 되는 이론입니다.

분할매수의 장점은 추가로 하락할 경우 더 싸게 주식을 매입할 수있고, 주식을 모아 나중에 조금만 상승해도 수익 전환이 가능하다는 점입니다. 단점은 주식이 더 하락하지 않고 바로 올라버리면 주식을 다 확보하기도 전이라 투자금이 적어서 수익이 조금밖에 안 난다는 점입니다.

분할매수 시 바로 상승하면 적은 수익이지만 하락하면 손해 없이추가 매집이 가능합니다. 분할매수의 반대말인 '몰빵(집중투자)'의 경우 한 번 상승하면 큰 수익이 나지만 하락하면 손 놓고 기다려야 합니다.

　나는 주식의 신도 아니고, 도대체 매매 타이밍을 모르겠다고 생각한다면 매달 나오는 월급으로 적립식 쌓아가듯 투자하는 것도 시장을 이기는 방법입니다.

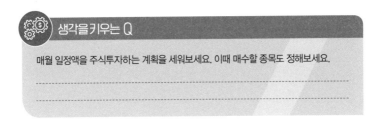

생각을 키우는 Q

매월 일정액을 주식투자하는 계획을 세워보세요. 이때 매수할 종목도 정해보세요.

05 공시를 통해 기업을 분석하는 방법

#공시는 투자 정보의 보물창고 #금융감독원 전자공시 시스템 다트 #주식투자의 성패를 결정

주식투자의 시작과 끝은 공시입니다. 공시는 정보의 보고입니다. 예전과 달리 공시가 의무화돼 사업보고서나 분기보고서 등 정기적으로 해야 하는 공시도 있고, 중요 수주나 경영에 영향을 미칠 만한 사안은 수시공시로 공개합니다.

상장회사는 재산이나 경영 상태 등 중요한 기업 내용을 신속하고 정확하게 공시하도록 규정되어 있습니다. 유형별로는 주요 경영 사항(영업 및 생산 활동, 재무구조 변경, 기업 경영 활동)의 공시, 지주회사의 자회사공시, 자율공시, 조회공시가 있습니다. 발생 사실 확인과 증빙서류 준비 등을 감안해 공시 사유 발생일에 공시해야 하는 당일공시와 다음 날 매매거래 시간 종료 시가까지 공시해야 하는 익일공시로 나뉩니다.

공시 사항 중 주가나 거래량에 중대한 영향을 미칠 수 있는 부도, 합병과 분할, 회생 절차 신청, 10% 이상의 무상증자와 감자 등은 장중 매매거래 정지 조치를 불러오기도 합니다.

자율공시도 있는데요. 이는 주요 경영 사항 외에 투자 판단에 중대한 영향을 미칠 수 있거나 투자자에게 알릴 필요가 있다고 판단되는 사항을 사유 발생일 다음 날까지 거래소에 신고하는 것입니다.

또 투자자 보호를 위해 주요 경영 사항과 관련된 풍문, 보도가 있는 경우 그 사실 여부 확인을 위해 조회공시를 요구할 수 있고, 상장 법인은 그에 의무적으로 대답을 해야 합니다.

공시는 금융감독원 전자공시시스템의 다트(dart.fss.or.kr)를 이용하면 쉽게 볼 수 있습니다. 모두에게 공개된 정보를 누가 잘 활용하느냐에서 주식투자의 성패가 갈립니다.

공시는 정보의 보고

공시가 얼마나 중요하냐구요? 증권 기자들도 물을 먹지 않기 위해 매일 찾아보고 의미를 파악하는 게 다트입니다. 예전 공시가 막 활성화됐을 때는 공시가 뜨고 뉴스로 나오기까지 그 몇 분 사이에 투자해서 수익을 내는 투자 방법도 유행했을 정도입니다.

다트 메인 화면에서 검색창에 원하는 기업을 검색하면 회사와 관련된 공시가 뜹니다. 사업보고서나 분기보고서를 보면, 매출이나 영

금융감독원 전자공시시스템 다트에서 공시를 확인하는 모습

업이익 등의 재무제표는 물론, 회사의 연혁부터 현재 임직원 수, 급여 수준까지 모두 나옵니다. 사업을 하는 데 있어 위험 요인, 현재 진행 중인 소송 등도 알 수 있습니다.

공시는 뜻하지 않은 정보를 공개하기도 합니다. 바로 가족사입니다. 실제 예전의 한 상장사인 A사의 경우, 79세 창업주가 35세 연하 부인에게 보유 주식 전부를 넘겨 연하 부인이 최대주주로 바로 올라섰습니다. 그런데 부인보다 나이가 많은 50대의 아들 2명은 경영에서 배제됐습니다. 35세 연하 부인은 재혼이고, 50대 아들 둘은 전처 소생임이 드러났습니다. 또 다른 B사는 창업자의 부인이 주주제안 공시를 냈는데, 그 내용이 창업자의 아들에 맞서 딸을 이사로 선임에 달라는 것이었습니다. "무책임한 경영 형태를 바로 잡기 위한 것"

이라는 공격에 창업자의 아들은 전처 아들·딸은 주주제안을 낸 현 부인의 딸로, 배다른 남매임을 세상이 알게 됐습니다.

인사 발표 시즌이 되면 어떤 임원이 물러났는지를 엿볼 수 있는 것도 공시입니다. 임원들은 대부분 회사 주식을 가지고 있는데 선임과 퇴임 시 공시를 해야 하기 때문입니다.

기업의 펀더멘털부터 갖가지 내용까지 공시에 모두 담겨 있습니다. 특히 사업보고서는 매년 나오는, 투자하고자 하는 기업에 대한 모든 내용이 담겨 있습니다. 적어도 5년치 사업보고서를 나열해놓고 정독하는 게 필요합니다. 워런 버핏의 성공 신화도, 리먼브러더스 사태 때 돈을 번 월가의 유명한 펀드매니저들도 사업보고서를 정독했기 때문에 나왔다는 것을 잊지 말아야 합니다.

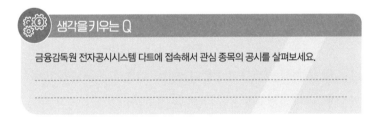

생각을 키우는 Q

금융감독원 전자공시시스템 다트에 접속해서 관심 종목의 공시를 살펴보세요.

06 공시의 호재와 악재

#공시의 행간을 보는 안목 #정기공시와 수시공시
#대규모 수주와 투자 유치가 호재

하루에도 수백만 개의 공시가 쏟아집니다. 2020년 12월 말 기준으로 국내 증시에는 2,531개 종목이 상장돼 있는데, 이들 종목이 하루에 1개씩만 공시를 내도 2,531개가 될 정도입니다.

공시의 행간을 읽어야

무더기로 쏟아지는 공시를 '잘 보는 눈'을 기르는 게 중요합니다. 사업보고서나 분기보고서 등 일정 시점이 되면 내야 하는 정기공시는 기업의 기본 체력을 파악하는 데 중요합니다. 과거 이떤 실적 흐름을 보였는지, 경영진은 어떤 이력을 가지고, 얼마나 오랫동안 이 회사를 경영했는지 등을 볼 수 있습니다. 회사의 유보금은 얼마이고, 투자에는 얼마나 나서고 있는지, 배당은 또 얼마나 많이 하는지 등도 알 수 있습니다. 이런 정기공시는 분기나 회계연도 결산마다 내야 하는데 보통 3개월 정도 후행합니다. 분기를 결산하고 정리하고, 회계법인의 감사까지 모두 마쳐야 낼 수 있기 때문입니다.

현재 일어나고 있는 일을 알 수 있는 건 수시공시입니다. 수주나 기업의 매각, 투자금 유치 등이 대표적으로 주가에 많은 영향을 미치는 수시공시입니다.

대규모 수주를 했다면 앞으로 매출이 늘어난다는 재료이기 때문에 대부분 호재로 인식됩니다. 매출액의 10% 이상이면 '대박공시'로 꼽힙니다. 기업의 매각은 매각 형태로 나오기도 하지만, 최대주주 변경으로 나오기도 합니다. 어떤 회사에 팔리는지, 어떤 이유로 팔리는지, 사가는 대상이 어떤 사람인지에 따라 호재인지, 악재인지 달라집니다.

투자금 유치는 호재입니다. 그러나 어디에 어떻게 쓸지, 왜 투자금을 유치했는지에 따라 악재가 될 수도 있습니다.

공시에도 유행이 있다

공시 보는 법도 유행이 따릅니다. 한때는 유상증자공시를 잘 뜯어봐야 한다고 강조했습니다.

유상증자는 이미 설립된 주식회사가 자기자본을 조달하기 위해 새로운 주식을 발행하는 것을 말합니다. 유상증자의 경우도 주주배정인지, 일반배정인지, 3자 배정인지에 따라 그 의미가 확 달라지기 때문입니다. 3자 배정의 경우 투자금 유치가 될 수도 있고, 때에 따라서는 최대주주가 바뀌는 기업 매각일 수도 있습니다. 유명인이 3자 배정에 들어온다면 유명인이 투자하는 것이어서 유명인 테마주로 꼽히기도 했습니다.

유상증자와 비슷한 무상증자는 기존의 주주에게, 주주들이 가지고 있는 주식의 비율로 새로운 주식을 돈을 받지 않고 주는 것을 말합니다. 유상증자가 새로운 주식을 발행해 자기자본이 확대되는 등 재무구조를 개선할 수 있지만, 무상증자는 이익잉여금이나 자본잉여금을 자본금으로 전환하고, 그에 해당하는 금액만큼 새로운 주식을 발행하기 때문에 새로운 자금이 유입되는 것이 아니고, 단지 재무제표상 항목 간 변동을 통해 자본금이 늘어납니다.

주식 등의 대량 보유 상황 보고서도 잘 살펴봐야 할 공시입니다. 대주주가 지분을 늘렸는지, 어떤 기관투자자나 외국인투자자들이 들어왔는지 주주 구성을 알 수 있습니다. 단, 5% 이상의 지분을 확보했을 때만 공시 의무가 있습니다. 소액주주들까지 지분공시를 낼 필요는 없으니까요. 지분 취득 목적이 단순 투자 목적이면 2주 이내에만 하면 됩니다.

이 외에 무상증자, 유상감자, 무상감자, 액면분할, 자사주 매입 등 공시는 무수히 많습니다. 전자공시는 모바일 앱으로도 나와 있습니다.

07

언제 사고
언제 팔아야 하나?

#타이밍 투자 방법 #탐욕을 팔고 공포를 사라
#심리를 이기기

개인이든, 외국인이든, 기관이든 주식투자의 목적은 단 하나, 돈을 벌기 위해서입니다. 장기투자든 단기투자든 수익을 내기 위해 주식투자를 합니다. 가치투자를 하든, 테마주 투자를 하든 주가가 오르면 기분이 좋고 주가가 하락하면 마음이 불안해지기 시작합니다.

증시에는 탐욕을 팔고 공포를 사라는 말이 있습니다. 사람들의 심리를 역이용하라는 것인데, 듣고서는 고개를 끄덕이지만 실행에 옮기기는 쉽지 않습니다.

주가의 상승이나 하락이 감내할 수 있는 수준이라면 큰 문제는 발생하지 않습니다. 항상 문제는 상승을 넘어 폭등과 급등, 하락이 아닌 폭락과 급락이라는 단어가 등장하면서 시작됩니다.

공포와의 게임

주가가 폭등하면 '이 보다 더 오를 거야'라는 확신의 단계, 탐욕의 수준으로 투자자들을 이끕니다. 반대로 인내할 수 있는 수준을 벗어난 주가 폭락은 지금이라도 팔아치워야 한다는 조급증을 불러옵니다. 공포의 극단이 되면 내가 파니까 네가 팔고, 네가 파니까 내가 파는 투매의 단계로 들어갑니다.

IMF, 글로벌 금융위기 등 큰 이슈가 아니더라도, 중국 경기 우려 등 이미 많은 시행착오로 공포와 탐욕을 겪어 봤습니다. 주식을 팔아야 할 시점은 공포가 느껴질 때가 아니라 많은 사람이 더 오를 것이라는 기대에 취한 탐욕이 자리 잡는 순간입니다. 반대로 주식을 사야 하는 시점은 공포가 느껴질 때입니다.

1년에 2~3번만 매매를 한다는 한 거액 자산가는 폭락하는 날만 찾아 대형주나 시장 전체 인덱스를 산다고 합니다. 그는 결국 공포가 해소되면 돈을 벌었다고 합니다.

> **생각을 키우는 Q**
>
> 책을 읽는 오늘은 주식을 사야 할 때인가요, 팔아야 할 때인가요?
> _____
> _____

오르는 주식인가, 싼 주식인가?

#달리는 말에 올라타기 #속도가 빠르면 크게 다친다
#타이밍에 민감해야

오르는 주식에 투자할 것이냐, 싼 주식에 투자할 것이냐를 고민할 때 "달리는 말에 올라타야 한다"는 증시의 격언은 전자를 권합니다. 현재 추세가 좋고 주가가 오르고 있는 주식에 투자하라는 것이죠. 우리나라를 대표하는 대형주의 경우 지지선에 가까이 가면 사는 게 2000년대 들어 거의 정설처럼 굳어졌습니다.

달리는 말에 올라탈 때 가장 중요한 것은 어떤 말을 고를 것인지, 그 말에서 언제 내릴 것인지를 정하는 일입니다. 시장에는 항상 주도주가 있기 마련입니다. 시장의 매수세를 불러일으켜 지수 상승의 촉매제 역할을 하는 주식들이죠.

달리는 말에 올라타면 속도는 더욱 빨라져

하지만 국내 증시에 개별주나 테마주 장세가 뚜렷해지면서 옥석 가리기는 어려워졌습니다. 2000년대 전후 IT 관련주가 시장을 주도하다 한순간에 버블 논란에 시달린 것처럼 대세 상승 뒤에는 반드시 추세적인 하락이 나타나기 마련입니다. 코스닥 지수 700 시대를 연 바이오 관련주도 마찬가지죠. 물론 바이오 관련주가 무조건 나쁘다는 게 아닙니다. 하지만 단기에 오른 테마주는 빠르게 달리고 있는 매력적인 말이지만, 그만큼 떨어지면 크게 다친다는 사실을 인지해야 합니다.

이번엔 타이밍 이야기를 해볼까요? 과거의 추세가 미래에도 유효할 것이라는 믿음, 그래서 우리는 달리는 말에 올라탑니다. 이 과정에서 기술적 분석을 통해 지금이 대세 상승 구간인지 아닌지 등을 살펴보기도 하죠. 하지만 그 추세가 맞았다 할지라도 문제는 언제 내릴 것인가를 정하는 일입니다.

많은 사람이 은행 이자보다 조금 높은 수익을 내거나, 하루만 상승 추세에 편승했다 주식을 팔아야지 생각하지만 그 타이밍을 놓치는 일이 태반입니다. 달리는 말의 속도는 실제로 올라탔을 때 더 빠르다는 것을 기억하세요.

09 외국인과 기관을 따라가기

#다양한 성격의 이해 필요 #정보량보다 해석이 중요
#동학개미

외국인과 기관투자자는 개인투자자들의 모델이 됩니다. 정보가 풍부하고 발전한 투자 기법을 사용하여 전문적으로 투자하기 때문입니다. 그래서 외국인과 기관의 매매 동향을 모방하여 투자하는 개인투자자가 많습니다.

그런데 외국인과 기관의 매매 동향을 따라 하려면 우선 이들 자금의 성격부터 알아야 합니다. 외국인은 글로벌 시장 전체에 분산투자하는 주체이기 때문에 수익률보다는 환율 변화에 민감합니다. 외국인 중에서도 미국계 자금은 중장기적인 관점으로 투자하는 경우가 많지만, 유럽이나 기타 국가들은 단기적인 성향을 나타내기도 하죠.

기관의 자금은 대부분 장기라고 생각하지만 이 역시 주체에 따라 성격이 많이 다릅니다. 펀드를 운용하는 자산운용사, 즉 투신권의 자금은 펀드 환매가 들어오면 주식을 팔 수밖에 없어 단기적인 성향이 많습니다. 증시의 구원투수 역할을 자처하는 국민연금이나 우정사업본부 등 연기금은 장기투자 성격을 보이는 게 일반적입니다.

정보의 차이가 존재

　외국인과 기관을 따라하는 이른바 추종매매를 고려하는 것은 이들이 가진 정보가 우리보다 많다는 생각 때문입니다. 당연히 외국인과 기관이 접할 수 있는 정보는 개인투자자에 비교할 수 없을 정도로 어마어마한 양이며, 이를 빠르게 접합니다. 하지만 시장을 움직이는 것은 비단 정보뿐만이 아닙니다. 정보와 정보를 접하는 속도, 해석 차이에 따라 어떤 결과를 낳을지 모르는 게 시장입니다. 그래서 시장은 살아 있는 생태계와 같은 겁니다.

　삼성전자의 투자 주체별 매매 동향을 살펴보세요. 외국인과 기관의 매매 동향 그리고 개인의 매매 동향이 반대되는 날이 많습니다. 왜 그럴까요? 일반적인 개인투자자들의 매매는 후행하기 때문입니다. 기관과 외국인의 매매는 현재와 미래 시점의 추세를 파악하기 위해 살펴봐야 하는 기본 중 기본이지만, 항상 옳은 매매라곤 볼 수 없습니다. 주식투자가 어려운 이유가 여기에 있습니다.

동학개미 열풍

2020년 3월 코로나19 여파로 한국 증시는 크게 하락했습니다. 이런 경향은 전 세계 증시가 마찬가지였습니다. 그런데 이런 하락 추세에 맞서 개인투자자들이 매수에 나섬으로써 한국 증시를 떠받쳤습니다. 결국 증시는 회복되어 2021년 코스피지수가 3,000포인트를 돌파하기까지 상승했습니다. 이 과정에서 개미로 표현되는 개인투자자들이 대규모 순매수에 나선 것을 동학농민운동에 빗대어 '동학개미'라는 신조어도 나왔습니다. 개인투자자가 외국인이나 기관과 반대 방향으로 움직이면서도 시장을 이끌어갈 수 있다는 사실은 신선한 충격이었습니다. 한국 증시에서는 개인투자자도 중요한 세력이 되었다고 평가할 수 있습니다.

🅢 생각을 키우는 Q

외국인 투자자의 움직임을 무조건 따라가면 그 결과는 어떻게 될까요? 실제 한 종목의 움직임을 관찰해보세요.

10

달걀을 한 바구니에 담지 말라는 뜻은?

#포트폴리오 투자 #여러 주식에 분산투자
#안정적이지만 낮은 수익률

"달걀을 한 바구니에 담지 마라"는 주식시장의 격언이 있습니다.

격언의 뜻은 어렵지 않습니다. 한 바구니 달걀을 담아두면 그 바구니가 떨어지면 전부 다 깨질 수 있기에 여러 바구니에 나눠 담으라는 겁니다. 그래야 어느 한 바구니의 달걀이 떨어져도 해당 달걀만 깨질 뿐 나머지 달걀은 안전하게 보관할 수 있다는 얘기죠. 이것을 포트폴리오 투자라고 합니다.

다양한 종목이나 금융상품에 투자함으로써 위험을 분산하면서도 적정한 수익률을 달성하는 것을 목표로 합니다.

투자의 결정은 결국 투자자의 몫

포트폴리오란 원래 서류 가방 또는 자료 수집철이라는 뜻이지만, 주식투자에서는 여러 주식으로 이뤄진 집합체를 말합니다. 그래서 우리가 은행과 증권사에서 만나는 펀드 상품들은 특정 종목에 투자하지 않고 수십 개 또는 수백 개의 종목을 발굴해 고객의 돈을 분산 투자해 운용하는 겁니다. 어느 종목의 주가가 내려가도 다른 종목의 주가가 올라 손실을 만회할 수 있기 때문이죠.

그러나 이러한 투자 원칙은 잘 지켜지지 않습니다. 소위 대박 수익률이 나오지 않기 때문입니다. 달걀을 여러 바구니에 나눠 담으면 리스크(위험)는 줄일 수 있어도 두 배, 세 배의 수익률은 현실적으로 나오기 어렵습니다. 여러 자식이 있으면 부모야 모두 판검사나 의사로 키우기 싶겠지만 말썽 피우는 자식도 나오기 마련이니까요. 그래서 주식시장에 직접투자하는 사람들은 잘나갈 것 같은 종목 1~2개에 다 투자금을 '몰빵'하는 경우가 많습니다.

물론 튼튼한 바구니에 달걀을 다 담으면 싸구려 바구니 여러 개 담는 것보다 오히려 더 나을 수도 있습니다. 다만 튼튼할 줄 알았던 바구니가 불량품이었다면 큰 손해를 보겠죠.

이 책을 읽고 계신 독자 여러분은 "달걀을 한 바구니에 담지 마라"는 주식시장의 격언뿐 아니라 "투자 결정은 투자자의 몫"이라는 얘기도 많이 들어봤을 겁니다. 달걀을 한 바구니에 담든, 여러 개의 바구니에 나눠 담든 그것은 오로지 투자자의 판단에 따라 결정하면 됩니다. 주식시장 전문가들이 "달걀을 한 바구니에 담지 마세요"

라고 말하는 것은 리스크를 관리하라는 의미지 큰 수익률을 내라고 말하는 게 아닌 거죠. 따라서 리스크를 감수하더라도 큰 수익률을 내고 싶은 투자자라면 달걀을 한 바구니에 담을 수 있습니다. 격언을 따르지 않는 투자라고 해서 무조건 잘못된 것이라고 생각하진 마세요.

> ⚙️$ **생각을 키우는 Q**
>
> 나의 현재 투자 포트폴리오를 적어보세요.
>
> --
>
> --

CHAPTER 04

나에게 꼭 맞는
종목을 선정하는 법

01

나에게 딱 맞는 종목 고르기

#깐깐하게 따져서 종목 선택 #EPS, PER, ROE, PBR
#위험신호 포착하기

마음에 드는 남자나 여자를 만나고 배우자로 삼으려면 여러 가지를 따지게 됩니다. 집안 배경, 연봉, 재산, 성격 등등을 따져봅니다. 내 돈을 좌우할 주식도 배우자를 고르는 것처럼 꼼꼼히 따져봐야 합니다. 나의 재산을 불려줄 주식을 찾기 위해서는 재무 상태, 손익, 경영자 등의 정보는 기본 중의 기본입니다.

주식 하는 사람의 대부분이 "살 때는 살 이유만 보이더니, 사고 나서는 팔 이유만 보인다"고들 합니다. 잘 때도 불안하지 않고 거짓되지 않은 엄마 같은 주식을 찾기 위해서는 신문이나 증권사 애널리스트 보고서에 자주 등장하는 기본적인 개념은 머리에 넣어놓아야 합니다.

주식을 고르는 잣대들

EPS, 주당순이익이라고 합니다. 한 주당 1년간 기업이 벌어들인 돈을 말합니다. 기업이 얼마나 돈을 잘 버느냐를 판단하는 가장 중요한 지표입니다. 종목 특성마다 다르지만 EPS에다 10을 곱한 것을 적정 주가로 간주하기도 합니다.

PER, 주가수익비율이라고 합니다. 회사가 지금 벌고 있는 돈을 앞으로도 계속 벌 수 있다고 가정하고 현재 주가에 도달하는 데 몇 년이 걸리냐는 것을 나타내는 지표입니다. PER 10배라면 10년이 걸린다는 의미입니다. 앞으로 돈을 더 많이 벌 것 같은 기업에는 높은 PER를 적용해 일종의 프리미엄을 줍니다. PER가 낮을수록 좋지만, 해마다 돈을 더 잘 버는 기업은 현재 PER가 높더라도 낮아질 수 있기 때문에 눈여겨볼 필요도 있습니다.

그 외에도 자본활용능력을 보여주는 ROE, 순자산 대비 주가가 얼마나 높게 거래되는지를 보여주는 PBR 등도 눈여겨볼 지표입니다. PBR는 시장에서 평가된 가격과 장부상의 주식가격을 비교하는 것으로, 1배라면 시장 평가가격과 장부가격이 같다는 것을 의미합니다. 1 이하이면 통상 회사를 청산한다고 가정했을 때의 가치에도 못 미친다고 합니다.

한국거래소에서 투자 지표라고 제시하는 것은 EPS, PER, BPS, PBR, 주당배당금, 배당수익률이 있습니다. 홈페이지에서 언제든 찾아볼 수 있습니다.

위험하다는 신호를 보내는 지표도 있습니다. 관리종목이나 매매

거래 정지종목입니다. 연속 적자를 내 관리종목이 된 종목은 그 사유를 일정 기간 안에 해소하지 못하면 퇴출됩니다. 주식시장에서 쫓겨나기 전에 마지막 정리 기회를 주는 게 정리매매 종목입니다.

주가가 너무 급하게 오르거나, 주가를 올리는 주체가 일부 계좌인 종목에는 투자자에게 잘 살펴보라며 투자주의, 투자경고, 투자위험을 정해 알려줍니다. 투자주의 환기종목, 단기과열종목, 변동성 완화장치 발동종목 등도 있습니다.

또 유동성이 적은 종목도 있습니다. 5만 주 미만 종목이 대표적입니다. 호가 공백이 크거나 가격연속성이 떨어지거나, 거래형성일이 떨어지는 종목, 일평균 거래대금이 5,000만 원 미만이거나 일평균 거래량이 1만 주 미만이면 저유동성 종목으로 분류됩니다.

펀더멘털부터 거래추이까지, 돌다리도 두드려보고 건너면 이길 확률을 높이고 질 확률을 낮춥니다.

🔧 생각을 키우는 Q

관심 종목의 PER, EPS, 배당수익률을 적어보세요. 증권 포털에서 종목을 검색하면 알 수 있습니다.

02 살 수 있는 주식 종목 수는?

#상장 종목 2500개 이상 #블루칩과 옐로우칩
#외국인 투자 한도

상장된 주식 중 알고 있는 종목을 모두 나열해보라고 하면 몇 개나 떠오르시나요? 우리나라 정규시장에 상장된 회사는 2021년 12월 말 기준 2,411개이며 종목은 2,531개나 됩니다. 회사와 종목의 차이가 나는 것은 우선주나 스팩 등이 포함됐기 때문입니다. 일부 회사는 보통주 외에 의결권은 없지만 배당이 높은 우선주를 발행합니다. 스팩은 서류상으로만 존재하는 페이퍼 컴퍼니여서 회사라고 볼 수 없습니다.

8개에서 2,000개 이상으로

우리나라 증시는 8개 회사로 출발했지만, 수많은 기업이 새로 증시에 들어오면서 지금은 2,000개를 넘겼습니다. 이런 종목들을 사고파는 데 쓰이는 돈이 하루에 14조~30조 원 정도가 됩니다. 많은 날에는 40조 원가량의 돈이 왔다 갔다 하는 곳이 바로 우리나라 증시입니다.

시가총액 상위 종목으로 나열해보면 대형주를 볼 수 있습니다. 2021년 2월 8일 기준 코스피시장은 삼성전자, SK하이닉스, LG화학, 네이버, 삼성바이오로직스, 삼성SDI, 현대자동차, 셀트리온, 카카오, 기아자동차 등이 시가총액 상위 종목입니다. 코스닥시장은 셀트리온헬스케어, 셀트리온제약, 펄어비스, HLB, 씨젠, 카카오게임즈, 알테오젠, 에코프로비엠, SK머티리얼즈, CJ ENM 등이 상위 순위를 차지하고 있습니다.

주로 이런 종목을 블루칩이라고 합니다. 안정적인 이익 창출력과 배당을 실시해온 기업의 주식을 말합니다. 도박판의 가장 비싼 칩이 파란색이라는 것과 소를 품평할 때 우량으로 판정된 소가 파란 천을 둘렀다는 데서 유래했습니다. 블루칩에 비해 가격이 낮고 업종 내 위상도 블루칩에 못 미치는 주식은 옐로칩이라고 부릅니다.

상장한 날짜로 보면 경방과 유수홀딩스, 한진중공업홀딩스, 메리츠화재, CJ대한통운 등이 1956년 3월 3일로 오래된 편에 속합니다. 엔비티NBT, 선진뷰티사이언스, 핑거 등의 기업은 2021년 1월에 상장했습니다.

순위	종목명	현재가	전일대비		거래량	외국인한도	외국인보유주식수	취득가능주식수	한도소진율
1	KT	24,050		0	1,200,853	127,944,785	114,115,339	13,829,447	89.19%
2	LG생활건강우	713,000	▲	4,000	5,877	2,099,697	1,771,648	328,049	84.38%
3	동양생명	3,965	▲	5	74,181	161,358,585	135,118,099	26,240,486	83.74%
4	SBI핀테크솔루	7,830	▲	20	56,669	24,048,040	19,283,319	4,764,721	80.19%
5	남양유업우	181,000	▼	3,000	153	166,662	133,559	33,103	80.14%
6	삼성전자우	74,000	▼	300	1,611,740	822,886,700	652,024,792	170,861,908	79.24%
7	쌍용차	2,770		0	0	149,840,002	114,749,315	35,090,687	76.58%
8	S-Oil	80,200	▲	5,600	2,617,749	112,582,792	86,138,927	26,443,865	76.51%
9	한국기업평가	88,700		0	4,713	4,540,514	3,450,675	1,089,839	76.00%
10	휴젤	180,800	▼	2,300	54,828	12,485,455	9,426,147	3,059,308	75.50%
11	SK텔레콤	252,000	▼	6,500	304,461	39,565,398	28,527,578	11,037,820	72.10%
12	티씨케이	162,300	▲	9,000	63,784	11,675,000	8,386,324	3,288,676	71.83%
13	컬러레이	2,130	▲	50	341,110	54,000,000	38,762,748	15,237,252	71.78%
14	락앤락	13,250	▲	450	296,178	53,007,638	37,857,341	15,150,297	71.42%
15	SNK	24,600	▲	150	143,201	21,061,800	14,923,945	6,137,855	70.86%

키움증권 HTS로 검색한 2021년 2월 8일 기준
외국인 한도 소진율 상위 기업

상한가나 하한가를 포함한 주가등락률 상·하위는 매일 바뀝니다. 거래대금 상·하위 종목을 보면 그날 어떤 업종이나 테마가 선전했는지를 볼 수 있습니다.

외국인 한도가 정해진 주식도 있습니다. 예를 들어 SK텔레콤, KT, 한국전력 등의 기간산업을 영위하고 있는 회사는 외국인 지분율이 49%를 넘어갈 수 없습니다. 이처럼 우리나라는 국가 운영의 기반이 되는 방송·통신·운송·에너지·언론 등의 상장기업에 대해 외국인이 보유할 수 있는 한도를 30~49%로 제한하고 있습니다. 외국인 투자 한도에 어느 정도 가까워졌는지를 나타내는 것을 '외국인 한도소진율'이라고 합니다. 이 정보는 HTS에서 확인할 수 있습니다.

03

종목 옆에 붙은 코드

#주식 종목 고유번호 #회사 코드 + 구분 코드
#설립일 순으로 부여

'삼성전자는 005930, 현대차는 005380'

동명이인은 있어도 같은 주민등록번호를 가진 사람은 없듯, 회사 이름이 같더라도 종목 코드는 모두 다릅니다.

우리가 증권거래를 할 때 만나는 이 6자리 숫자는 '회사 고유 코드' 5개와 종목 구분 코드 1개로 이뤄집니다. 처음에 나오는 5개 숫자는 이 회사가 거래소에 등록된 순서대로입니다. 거래소 상장일이 아닌 설립일 순이죠. 설립일 순서이기 때문에 상장은 최근에 됐더라도 코드는 앞자리에 올 수 있습니다.

설립일, 주식의 종류 등 표시

현재 가장 코드 번호가 빠른 종목은 동화약품입니다. 동화약품의 코드 번호는 000020입니다. 설립일은 무려 1897년 9월 25일입니다. 상장은 1976년에 됐지만, 우리나라에서 가장 빨리 만들어진 회사로 인정받는 셈입니다.

발행 주체 고유 코드 1번은 원래 신한은행이었으나 외환위기 때 상장폐지를 당했습니다. 우리은행의 종목 코드는 000030이지만 정작 상장된 건 2014년 11월입니다. 설립일은 100년도 더 된 1899년 1월 30일이지만요.

종목 코드의 마지막 숫자는 보통주와 우선주 등을 구분합니다. 2013년까지는 우선주에 5부터 숫자를 붙였지만 이후로는 K부터 발행 순서에 따라 붙입니다.

예를 들어 2013년 이전 설립된 두산 보통주가 000150이면 두산 우선주는 000155입니다. 두 번째 우선주인 두산2우B의 종목코드는 000157입니다. 한진칼의 경우 일반주 종목 코드가 180640, 우선주는 18064K입니다. 종목 코드만 봐도 회사가 2013년 이후에 만들어졌단 것을 알 수 있습니다.

주식에만 이런 종목 코드가 붙는 건 아닙니다. 회사채, 국채, 지방채, 특수채, 외국채권 등을 비롯해 선물 및 옵션, 양도성예금증서, 상장지수증권ETN 등도 모두 종목 코드를 부여받습니다. 예를 들어 신한금융투자에서 만든 은 선물 ETN의 종목 코드는 500017입니다.

04

종목 선정을 위해 참고할 자료

#단기와 장기에 따라 다른 기준
#단기는 시장 주도주와 테마주 #장기는 저평가주

주식투자의 성공과 실패는 어떤 종목을 골랐느냐가 80% 이상을 좌우합니다. 그만큼 종목 선정은 중요하지만 이 과정은 흙 속의 진주 찾기와 다름없습니다.

종목 선정을 위해서는 HTS, 전자공시시스템, 증권사 리서치센터에서 발간하는 리포트, 각종 포털과 증권 사이트를 참조해야 합니다.

종목 선정도 본인의 투자 스타일에 따라 달라질 수 있습니다. 단기 매매 위주로 생각한다면 기본적 분석보다 기술적 분석이 유용합니다. 이른바 시장에서 가장 '핫'한 종목을 찾아 차트를 보는 방법입니다. 시장 주도주나 테마로 일단 압축하는 게 좋습니다.

거래량은 반드시 점검해야

이때 가장 눈여겨봐야 하는 게 거래량입니다. 거래량이 시장 관심을 보여주는 데이터인 만큼 거래량이 많은 종목을 산업별로 2~3개 선정한 뒤 이들을 투자 가능 종목으로 분류합니다. 관련 뉴스나 산업 분석 자료 등을 통해 향후 전망이 밝은 업종의 종목 중심으로 매매해야 합니다.

가치투자자라면 저평가된 종목을 발굴해야 하기 때문에 현재 시장에서 '핫'한 종목은 고르지 않는 게 좋습니다. 주가라는 것이 끝까지 올라가라는 법은 없고 언젠가는 꺾이게 됩니다. 이미 시장의 뜨거운 관심을 받는 종목이라면 오랜 기간 투자하기에는 위험이 많습니다. 2020년 코로나 팬데믹의 시기에 가장 '핫'했던 바이오주의 경우 10년 후에 괜찮을까 생각하면 확신이 드시나요?

길게 보고 투자한다면 사업보고서 등 공시자료들을 꼼꼼히 읽고 분석해야 합니다. 그리고 장기투자자라면 잘 모르는 산업에 있는 종목은 되도록 피하는 게 좋습니다.

생각을 키우는 Q

내가 관심을 가진 산업, 테마, 기업을 적어봅시다. 유망하다고 본 이유는 합리적인가요?

05 주식투자를 위한 경제신문 활용법

#경제 흐름을 파악 #용어에 친숙해지기
#팩트+전망+주가 영향

주식 종목을 고르기 위해 워런 버핏처럼 사업보고서 수년치를 정독하고, 차트도 살펴본 후 정말 괜찮은 기업이라는 확신이 드는 기업을 발견했다고 가정합시다. 도저히 주가가 내릴 수 없을 정도로 기업 실적과 전망이 밝은 회사였습니다. 그런데 이런 종목이 IMF나 글로벌 금융위기 같은 사태를 만났다면 그래도 괜찮았을까요?

주식은 개별 종목의 펀더멘털도 중요하지만, 경제 전반이 미치는 영향도 지대합니다. 그런 의미에서 우리 사회가 어떻게 돌아가는지를 알 수 있는 신문은 주식투자 필독서입니다. 특히 경제신문은 경제 전반에 대한 흐름을 매일매일 보여줍니다.

환율과 인플레이션, 실업률, 국내총생산, 글로벌증시 등 수많은 정보를 담고 있습니다. 이런 어려운 거시경제 기사 말고 연예 기사나 여행 기사를 통해서도 투자 정보를 찾을 수 있습니다.

세상 흐름을 엿보는 창

사실 정보는 너무 많습니다. 뉴스도 많고, 책도 많습니다. 마트에서 장 보다가도 투자 정보를 찾을 수 있습니다. 정보의 홍수 시대에서 어떤 정보가 가치가 있는지를 구별하는 게 중요한데, 경제신문에서 가치 있는 정보를 찾아내기 위해서는 경제 관련 용어를 이해하고서 읽어야 합니다. 경제 관련 용어사전이나 인터넷을 통하면 요즘 모르는 단어도 바로바로 알 수 있습니다. 주요 이슈가 되는 용어는 기사에 반복해서 나오기 때문에 반복적으로 읽다 보면 금방 익숙해질 수 있습니다.

사전 지식이 없는 상태에서 읽는다면 그냥 팩트로 끝나는 것입니다. 팩트에다 전망, 주가 영향으로 구분해서 읽는 게 중요합니다. 투자를 결정하는 데 뉴스 기사의 도움을 받는 것 외에, 더 중요한 것은 경제기사 이면에 있는 투자 정보를 추론할 수 있어야 한다는 점입니다. 이미 모두에게 공개된 기사가 무조건 답은 아닙니다. 기사의 논리와 가정이 정확한지를 파악해보려는 노력이 필요합니다.

처음부터 욕심 내기보다는 일단 제목 위주로 훑어보는 것으로 시작하는 게 좋습니다. 1면에 나오는 기사는 그날 가장 중요한 내용이니까 1면 기사를 읽고 그 기사에 딸린 관련 기사를 챙겨보는 것도 유용합니다. 관심이 가는 기사 중심으로 찾아 읽는 것도 괜찮습니다.

생각을 키우는 Q

오늘 경제신문의 헤드라인 중 주식투자와 관련된 내용을 정리해보세요.

06 애널리스트 리포트 이용하기

#애널리스트 리포트 읽기를 위한 공부 필요 #경제 전반
보다는 투자와 종목에 집중 #뒤집어 생각하는 태도

증권사 애널리스트 리포트 읽기는 경제신문 읽기보다 더 어렵게 느껴집니다. 해당 산업이나 종목에 대한 사전 지식이 없는 상태에서 읽으면 이해하기 어려운 게 사실입니다.

신문이 사회 전반을 담았다면 애널리스트 리포트는 좀 더 주식투자나 종목에 가까운 내용을 담기 때문에, 전문 용어도 많이 등장하고 표현도 압축적입니다. 그러나 신문에서 다뤄주지 않는 밸류에이션이나 수급, 목표주가 등을 담고 있습니다. 전문적으로 주식을 분석하는 리포트이기 때문에 더 깊은 내용도 들어 있습니다. 종목 투자 때 참고 자료로 이보다 더 좋은 내용은 없습니다. 주식투자를 결심했다면 투자에 앞서 증권사 리포트를 이해할 수 있을 정도의 공부는 꼭 해두어야 할 것입니다.

더 나아가 애널리스트 리포트를 읽고 필요한 내용을 골라낼 수 있어야 합니다. 매도보다는 매수, 장밋빛 전망이 대부분일 수밖에 없는 증권사 보고서에서 애널리스트의 행간을 읽는 것은 더욱 중요합니다.

종목보고서를 보는 두 가지 관점

종목보고서를 볼 때는 두 가지 관점에서 봐야 합니다. 밸류에이션 플레이인지, 모멘텀 플레이인지를 말입니다. 밸류에이션 플레이는 저평가 종목을 발굴해서 주가 상승이 가능하다는 내용이 대부분입니다. 저평가돼 있던 이유를 설명하고, 이것을 해소할 수 있는 시점이나 사건을 제시합니다. 매출이 성장이 이루어지지 않거나 정체돼 주가가 저평가돼 있었는데, 비용 절감을 통해 이익 성장이 개선된다거나 하는 게 이런 밸류에이션 플레이 보고서입니다.

모멘텀 플레이는 주가에 영향을 미칠 이벤트나 팩트를 언급합니다. 신규 납품처나 수주량 증가, 신약 개발, 테마성 재료 등등입니다.

2020년 카카오에 대한 애널리스트 보고서를 몇 편 찾아보았습니다. 모바일 콘텐츠 사업에 대해 한 보고서는 웹툰, 웹소설, IP별 영상화 사업 내재화로 비용이 증가했다며 약간은 부정적으로 다루었습니다. 그러나 다른 보고서는 효율적으로 리소스를 활용하고 신속한 의사결정을 통해 부가가치 창출 가능성이 커졌으며 유료 콘텐츠 매출이 상승했다는 점을 긍정적으로 평가했습니다.

많은 리포트를 찾아보고 비교 분석하는 게 중요합니다. 다소 부정적인 시각에는 리스크 요인이 들어 있을 수도 있습니다. 장기적 관점에서 긍정적이라는 애널리스트의 코멘트는 뒤집어서 생각하면 단기적으로는 좋지 않다는 의미일 수도 있습니다.

생각을 키우는 Q

증권사 웹사이트에 접속해서 애널리스트 리포트가 어디에 있는지 찾아서 읽어보세요.

07

테마주의 가치를 구별하는 방법은?

#강한 주가 상승 탄력 #지속력을 판단
#트렌드 변화와 영향력 반영

테마주만큼 주가 상승 탄력이 강한 것도 없습니다. 테마에만 잘 올라타면 하루 이틀 상한가를 경험하는 것은 어려운 일이 아닙니다. 그러나 테마라는 게 기대라는 것이지 당장 실적에 반영되는 게 아닙니다. 남북통일 테마는 언제 실현될지 모르는 테마입니다. 코로나19 테마 같은 경우에는 마스크를 만드는 회사, 진단 키드 생산 회사 등이 테마주로 묶였는데 일시적인 요인에 불과했습니다.

대통령 선거철 즈음만 되면 대선 테마가 나옵니다. 같은 고향 사람, 학교 선후배, 한때 회사 사외이사 등 인맥주에서 시작해 대선 공약주, 단일화 이슈 등으로 커지기도 합니다. 인맥의 경우 아주 친하지 않은 이상 회사 실적과는 관련이 없는 경우가 많습니다. 대선 공약도 너무 많아 실제 회사 실적과 연결될 가능성은 매우 낮습니다.

중요한 것은 일시적인가, 아닌가

테마는 일시적인 유행이고, 테마를 타고 급등한 만큼 급락할 가능성도 배제하기 어렵다는 점을 꼭 알아야 합니다. 만약 테마가 일시적 유행이 아닌 트렌드이고 시장 파이 자체가 커질 수 있는 재료라면, 사업보고서를 통해 그 테마와 연결될 사업부의 비중이나 시장 점유율, 경쟁 우위 정도를 파악하고 관련 업계 종사자를 통해 해당 종목의 진위 여부를 파악하는 것이 가장 현명합니다. 전기차나 화장품, 콘텐츠 등은 단기 유행으로 치기에는 세상 자체가 달라지는 테마이기 때문입니다.

> 생각을 키우는 Q
>
> 최근의 주식 테마로는 어떤 게 있었는지 기억해봅시다. 그 결과는 어떻게 되었나요?
> --
> --

08

10배 오르는 기업의 공통점

#패러다임과 환경 변화에 대응한 기업 #시대의 요구에 맞춘 기업 #기다림의 미학

2020년 기준으로 과거 10년 전보다 10배 이상 오른 종목은 NHN 한국사이버결제, HLB, F&F, NICE 평가정보, 국일제지, KMW, 네이처셀, 삼천당제약, 고명, 셀트리온 등이 있습니다. 이들 기업은 대체로 규모가 작다는 공통점이 발견됩니다. 작고 똘똘한 회사 중에 장기 상승주가 숨어 있음을 알 수 있습니다.

2015년 기준으로 SK텔레콤이나, GS홈쇼핑, 아모레퍼시픽, 오뚜기 등이 장기간에 걸쳐 10배씩 오른 종목입니다. SK텔레콤은 PCS 시장이 열리면서 1등 업체로 선점했고, GS홈쇼핑은 홈쇼핑이라는 새로운 쇼핑 채널이 생겨날 때 마찬가지로 1위 업체였습니다. 아모레퍼시픽은 중국이라는 성장 시장에 먼저 나가 공격적으로 판매망을 확보

해놨고, 오뚜기는 1인 가구 간단한 집밥 요리 시장을 선점했습니다.

주식은 기다림의 미학

10년에 걸쳐 10배가 아니라 1년 만에 10배가 오른 회사도 있습니다. 기아자동차나 성우하이텍은 소형차 시대 도래라는 패러다임 이동을 먼저 알고 투자해놓은 회사였습니다. 기아차는 2007년 6,000원에서 7만 원까지 1년 만에 10배가 올랐습니다. 글로벌화로 해당 지역에 먼저 소형차 공장을 지어놨는데, 소형차 수요가 급증했고 실적이 폭증했습니다. 성우하이텍이라는 자동차 샤시부품 회사는 2007년 1월에 1,000원 정도의 주식이었는데, 2007년 말에 11,000원으로 치솟습니다. 애널리스트 탐방도 받지 않고 투자자들의 관심에서 멀어져 있었는데, 소형차 시대와 함께 숨겨진 보석이 가치를 발한 사례입니다. 2007년 초 시가총액이 100억 원이었는데, 당시에도 순이익이 100억 원을 내고 있었다니 PBR 1배의 자산주였던 셈입니다.

2000년대 초 IT 산업, 2007년 조선과 철강도 10배 가까이 급등합니다. 2015년 화제주인 한미약품은 라이센스 아웃으로 해외 유명 제약사에 기술 수출을 이뤄내 주가가 많이 올랐습니다.

2020년에는 코로나19의 영향으로 가장 많이 오른 종목 상위 10개 중 8개 종목이 제약·바이오주였습니다. 신풍제약, 진매트릭스, 진매트릭스, 엑세스바이오 등이 급상승했습니다.

10년간 10배든, 1년간 10배든 이들 기업은 패러다임이나 기업 환경에 선제 대응한 산업이나 업체라는 공통점이 있습니다. 그리고 그 기대 끝에 버블이 더해져 10배 급증을 이뤄냅니다.

주식은 기다림의 미학이라고 합니다. 그럼 무작정 사놓고 기다리면 될까요? 결론은 아닙니다. 경제나 산업의 장기 사이클을 관찰해야 합니다. IT나 조선, 철강의 현재를 보십시오.

워런 버핏이 30년간 시장을 이길 수 있었던 것은 소비재를 장기 투자했기 때문입니다. 미국 시장에서는 소비재가 시장을 이겼습니다. 워런 버핏은 플랫폼과 헬스케어, 첨단 기술주에도 관심을 돌리기 시작했습니다. 2017년에는 구글과 아마존 투자 기회를 놓친 것을 후회한다고 했으며, 2020년 9월에는 미국 클라우드 데이터 플랫폼 제공업체 스노우플레이크에 투자한다고 발표했습니다. 그의 투자 방향 변화가 시사하는 점을 눈여겨보아야 할 것입니다.

생각을 키우는 Q

앞으로 세상을 움직일 주도 산업은 무엇일까요? 그리고 그 분야의 1위 기업은 무엇인가요?

09 밸류에이션이 매력적인 기업

#가치 대비 저평가주 #저평가의 이유가 중요
#알짜와 부실을 가려내기

밸류에이션은 애널리스트 보고서나 경제기사 등에 많이 등장하는 단어입니다. 'valuation'은, 즉 가치를 부여한다는 뜻인데, 주식투자 관점에서는 애널리스트가 현재 기업의 가치를 판단해 적정 주가를 산정해 내는 기업 가치 평가라고도 할 수 있습니다. 평가이기 때문에 상대적인 개념입니다. 여기에 동원되는 지표가 기업의 매출과 이익, 현금흐름, 증자, 배당, 대주주의 성향 등입니다.

밸류에이션이 낮은 이유를 파악해야 한다

여기서 주의할 게 있습니다. 밸류에이션이 낮다는 것은, 동종 업체나 시장 대비 낮은 것이지 절대적으로 낮은 주식은 없습니다. 앞에서 예로 들었던 2007년 성우하이텍처럼 PBR 1배, 즉 청산가치 수준인 주식이나, PBR 1배에도 못 미쳐 청산 가치를 밑도는 종목에 대해 일반적으로 저평가 자산주로 분류합니다. 그러나 자산의 건전성이 보장되지 않는 한 청산가치도 의미 없는 수준입니다.

예를 들면 은행의 PBR가 0.5~0.6배 정도에 불과하지만, 자기자본이익률ROE이 낮고 향후 개선 여지도 부족하다면 밸류에이션이 낮다고 보기 어렵습니다. 특히 대출이나 투자 자산의 부실이 많다면 자산가치가 얼마인지는 중요하지 않습니다.

싼 게 비지떡이라는 말도 있죠? 왜 싼지를 파악하는 게 먼저입니다. 진짜 알려지지 않은 알짜 자산주인지, 잠재 부실 덩어리를 안고 있는 자산주인지 말입니다.

주식시장에서 형성된 주가는 수많은 투자자가 공통적으로 가장 합리적이라고 믿는 가치입니다. 일반적으로 한 나라의 경제 내에서 기업이나 개인이 사용할 수 있는 돈의 양은 한정돼 있습니다. 기업에 투자하는 돈이 정해져 있다면, 가급적이면 효율적이고도 고부가가치를 창출하는 기업에 배분돼야 합니다. 시장에서 주식의 공정한 가격이 평가되면, 결과적으로 기업의 자금조달 시 한정된 자금이 경제 내 효율적인 곳으로 흘러들어 가게 유도합니다.

10

친구나 지인으로부터의 투자 정보

#정보는 들은 후 확인하라 #실현 가능성과 영향력을 점검 #소문에 사서 뉴스에 팔기

주식투자를 하다 보면 솔깃한 이야기를 많이 듣습니다. 대개 어떤 기업의 대규모 수주나 납품, M&A, 투자 유치, 개선 실적 등이 제법 솔깃하게 들립니다.

"중국 기업에 들어갈 엄청난 납품 건이 기다리고 있대."

"미국 대기업에 인수된다고 하던데."

"2021년 실적이 어마어마하대."

이런 식입니다. 이렇듯 친구나 지인으로부터 흘러나오는 정보를 어떻게 받아들여야 할까요? 정보를 무시할 필요는 없습니다. 귀담아 듣지만 일단 한발 물러서서 보는 게 중요합니다. 향후 실적 전망이나 재료가 있다면 그것의 실현 가능성이나 펀더멘털에 미치는 영향 등을 봐야 합니다. 쉽게 말해 납품이나 M&A, 실적이 회사의 미래 모양 자체를 바꿀 만한 큰 이벤트냐가 중요합니다.

소문에 사서 뉴스에 팔아라

누군가가 A라는 종목을 대규모 납품 건을 이유로 추천했다면 A 종목의 사업보고서나 공시자료를 통해 전례가 있는지, 기술 수준이나 요건은 맞는지, 증권사 애널리스트들은 주가를 어떻게 보고 있는지 확인하는 절차가 필요합니다. 그러나 주로 입소문을 타는 종목은 애널리스트 보고서가 나오지 않는 작은 종목들인 경우가 많습니다. 뉴스 한 줄, 보고서 한 장 없는 종목은 확인하기 어렵습니다. 이럴 때는 주위 인맥을 동원하는 게 필요합니다. 같은 업종에 있는 사람들을 통해 정보를 얻어야 합니다. 특히 수급 체크는 필수적입니다.

사전에 누군가 해당 주식을 대거 매입해 거래량이 눈에 띄게 늘어났다면 정작 공시 이후에 주가는 급락할 가능성이 있습니다. "소문에 사서 뉴스에 팔아라"라는 말이 괜히 나온 건 아니겠죠?

CHAPTER 05

실전, 주식투자 준비하기

01 주식계좌 만들기

#주식계좌는 증권회사에서 개설 #은행에서도 가능
#접근성과 수수료 등을 고려

주식을 거래할 수 있는 자격은 한국거래소의 회원인 증권회사에만 부여됩니다. 따라서 주식을 사고팔고 싶으면 우선 증권회사에서 주식거래계좌를 개설해야 합니다. 증권회사 지점을 직접 방문해도 되고, 방문 없이 스마트폰을 이용해 비대면으로 계좌를 개설할 수도 있습니다. 단, 이때는 몇몇 기능이 제한됩니다. 비대면 계좌 개설 방법은 뒤에서 자세히 설명하겠습니다. 증권회사와 주식거래계좌 설정 계약을 체결하고 계좌와 ID 등을 교부받아야 합니다.

어떤 증권회사에 가야 할까요. 2020년 말 현재 우리나라에는 주식을 거래하는 증권회사가 56개나 있습니다. 외국계까지 합치면 더 많지만, 외국계는 국내 주식거래계좌를 개설해주지 않으니 국내 증권회사에 가야 합니다. 그중에서도 계좌 개설이 가능한 종합증권회사에 가야겠죠. 증권회사 선택이 주식에 있어 첫 번째 단계라고 할 수 있습니다.

증권회사와 은행에서 가능

증권회사 대신 은행에서도 계좌 개설을 할 수 있습니다. 앞서 말했듯 주식거래는 증권회사에서만 가능한데, 계좌를 은행에서 만들 수 있는 이유는 넓은 판매망을 가진 은행이 업무를 대행해주기 때문입니다. 결국 은행에서 주식계좌를 개설해도 어떤 증권사를 선택할지 결정해야 합니다.

집에서 가까운 곳이 좋으면 가까운 곳으로 가도 됩니다. 유능한 지점 직원이 있으면 그 직원이 있는 증권회사에 가면 좋겠지요. 증권사가 주위에 없고 은행만 있다면 은행에 가서 연계 증권계좌를 열면 됩니다.

은행 연계 계좌는 계좌 개설 등을 은행이 대신해주고, 증권사에서 따로 관리할 필요가 없기 때문에 수수료를 더 싸게 책정하기도 합니다. 요즘 계좌만 개설하고 주로 인터넷이나 휴대폰으로 거래하는 추세가 많아진 만큼 수수료가 싼 곳을 고르는 곳도 방법입니다. 수수료가 별것 아니라구요? 배 이상 차이나는 게 수수료입니다. 그리고 자주 거래하다 보면 수수료도 무시 못 합니다.

주식거래 수수료는 각 증권사의 홈페이지에 나와 있습니다. 지점이 없는 키움증권이 젊은 층을 장악한 것도 값싼 수수료 덕분입니다. 그러나 최근에는 대형 증권사들도 고객을 모으기 위해 거래 수수료 무제한 공짜를 내걸고 있으니 정보 수집을 하고 비교해보는 게 좋은 방법입니다. 거래 수수료가 무료라고 해도 거래소 등에 내는 증권 유관 기관 비용은 들어가니 참고하시기 바랍니다.

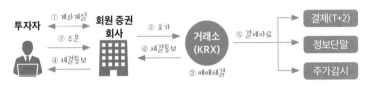

주식 매매거래 절차

생각을 키우는 Q

전문성, 정보 제공 역량, 거래수수료 등을 고려하여 내가 거래할 증권사를 골라봅시다.

증권사나 은행에 가지 않고 주식계좌 만들기

#스마트폰으로 계좌 개설 가능
#신분증, 본인 기존 계좌 준비 #거래 기능 약간의 제한

과거에는 증권사나 은행을 방문해서 주식계좌를 만들었으나, 이제는 직접 방문하지 않아도 스마트폰을 이용해 비대면으로 주식계좌를 개설할 수 있게 되었습니다. 단, 이때는 지정계좌 이외의 입출금 등 몇몇 기능이 제한되기도 합니다.

비대면 계좌 개설을 위해서는 신분증을 촬영해서 확인하는 절차를 거치기 때문에 사진 촬영 기능이 있는 스마트폰과 신분증을 준비해야 합니다.

비대면 주식계좌 개설 방법

먼저 거래할 증권회사를 결정합니다. 그리고 비대면 주식계좌 개설을 위한 전용 앱을 다운로드합니다. 키움증권을 예로 들면 플레이스토어(안드로이드폰), 앱스토어(아이폰) 등에서 '키움 비대면 계좌 개설'을 검색하여 설치하면 됩니다. 비대면 주시계좌 개설 방법은 약간의 차이가 있을 뿐 대부분의 증권회사가 비슷합니다.

전용 앱을 실행한 후에 [계좌개설 시작하기]를 선택합니다.

휴대폰, 신분증, 연계 계좌 등이 필요하다는 안내가 나옵니다. 준비 여부를 확인한 후 [시작하기]를 클릭합니다.

약관을 확인합니다. 그리고 개인정보 수집 동의를 체크한 후, 본인 확인을 위한 휴대폰 인증을 진행합니다.

거래할 상품을 선택하고 비밀번호를 설정합니다.

입출금 거래를 할 계좌를 등록합니다.

스마트폰으로 신분증을 촬영하여 제출합니다. 명확하게 촬영되지 않으면 재촬영해야 합니다.

본인 계좌임을 확인하기 위해 [1원 입금확인]이나 [영상통화] 절차를 거칩니다.

계좌 개설이 완료되면 ID와 비밀번호를 등록합니다.

ID가 등록된 후 추가 인증을 거치면 비대면 계좌 개설 절차가 마무리됩니다.

공동인증서 발급

    계좌 개설 후 HTS나 MTS를 사용하려면 공동인증서가 필요합니다. 주식거래를 위해서는 은행 거래용 공동인증서는 사용할 수 없으니, 범용 공동인증서나 용도제한(증권거래용) 인증서를 새로 발급받아야 합니다. 개인의 경우 범용 공동인증서는 연 4,400원의 비용이 들며, 증권거래용 공동인증서는 무료입니다. 증권회사 웹사이트를 방문하여 공동인증서를 설치할 수 있습니다.

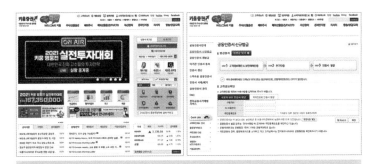

키움증권을 예로 들면 오른쪽 메뉴 중 [인증서/복사]를 선택하고 다음 화면의 왼쪽 메뉴에서 [공동인증서 신규발급]을 클릭하면 증권거래를 위한 공동인증서를 발급받을 수 있습니다.

03 주식을 사고팔 수 있는 시간

#2016년 8월 이후 30분 연장 #오전 9시~오후 3시 30분
#개장 전 주문 동시호가 체결

우리나라 주식시장은 공휴일을 제외하고 월요일부터 금요일까지 매일 열립니다. 정규시장과 시간외 시장이 있는데, 대부분의 개인투자자들은 정규시장에 주로 거래를 합니다. 아침 9시부터 오후 3시 30분까지가 정규시장 시간입니다.

새해 개장 첫날에는 개장식 등의 행사가 있어 보통 1시간 늦게 거래를 시작할 수 있습니다. 그날 거래 종료시각은 평소와 똑같습니다. 대입 수능일에는 오전 10시부터 오후 4시 30분까지 열립니다. 12월 31일(휴일인 경우에는 직전 거래일)에는 거래 결산을 위해 휴장합니다.

주식시장은 오전 9시부터 열리지만, 이미 8시부터 주가가 움직이는 것을 볼 수 있습니다. 이게 바로 동시호가라는 것입니다. 8~9시에 주문을 받아뒀다가 9시에 장이 시작하자마자 일괄적으로 조건이 맞는 거래를 체결시키는 방법입니다. 장 마감 직전에는 3시 20분~3시 30분에 일괄 체결합니다.

동시호가를 하는 것은 하루의 거래가 마감하고 그다음 날 거래를 시작할 때 긴 쉬는 시간이 있기 때문입니다. 거래가 정지된 밤에 있었던 가격변동의 요소들을 동시호가 때 반영해 주가를 결정하는 것입니다. 장 마감 직전에 하는 것은 것은 거래가 끝난 밤 사이에 시세차익을 목적으로 대량매도나 대량매수를 할 수 있기 때문에, 이를 막기 위해 10분간 호가를 맞춰보는 작업을 통해 가격 왜곡을 최소한으로 하기 위해 실시합니다.

오전 8시에 주문을 넣든 8시 59분 59초에 넣든, 동시호가에서는 시간 우선순위에 상관없이 같은 시각에 주문된 것으로 간주합니다.

거래시간 연장 기대

개인 투자자들은 늘 주식 거래시간 연장을 원하고 있습니다. 2016년 7월 이전에는 주식 거래가 오후 3시에 끝났습니다. 이것을 2016년 8월부터 3시 30분으로 늘렸습니다. 이때 중국 증시 마감시각인 오후 4시에 맞춰 1시간 연장하는 안도 검토되었는데, 1시간 연장이 너무 과도하다는 여론을 감안, 중재안으로 30분 연장안을 들고 나왔습니다.

주식거래시간이 30분 연장되는 데 여러 난관이 있습니다.

2008년부터 연장안이 언급될 만큼 해묵은 과제였습니다. 그만큼 주식거래시간 연장은 쉬운 문제가 아닙니다. 하지만 주식거래시간 연장이 주식투자 활성화에 기여한다는 목소리가 높습니다. 거래시간을 더 연장하자는 주장도 나오고 있습니다. 주식거래 가능 시간이 30분 늘긴 했지만, 아직 유럽은 주식거래시간이 우리보다 2시간이나 길기 때문입니다.

주식 매매거래 절차

투자자가 거래계좌를 개설하면 증권회사에 매매주문을 낼 수 있습니다. 투자자는 증권사 영업점이나 지점에 찾아가서 주문표를 작성해 제출하거나 전화나 HTS를 통해 제출할 수 있습니다. 증권회사는 주문을 낸 고객의 계좌에 위탁증거금이 충분히 예치돼 있는지를 확인한 다음 한국거래소 매매체결 시스템에 주문을 전달합니다. 주문이 매매체결 시스템에 접수되는 시점에 조건에 맞는 상대 주문이 있으면 바로 매매가 이뤄집니다. 그렇지 않으면 같은 조건의 상대 주문이 들어올 때까지 남겨져 있습니다. 본인이 투자한 종목의 창을 보면, 얼마나 많은 사람이 얼마에 주식을 사고팔겠다고 주문을 냈는지 알 수 있습니다. 만일 그날 시장이 끝날 때까지 매매주문이 체결되지 않으면 그 주문은 사라집니다. 다음 날로 이어지지 않습니다.

만약 매매체결이 이뤄지면 주식을 산 사람은 매수대금을, 판 사람은 매도한 주식을 서로 주고받는 절차 즉 결제가 이뤄집니다. 우리나라는 매매체결이 이뤄진 날부터 세 번째 영업일에 예탁결제원을 통해 결제를 해야 합니다. 이때 투자자는 증권회사에 위탁 수수료를 내야 하며, 주식을 매도할 때는 매도 대금의 0.3%에 해당하는 증권거래세도 납부합니다.

04 투자를 시작하기에 적당한 금액

#주식투자는 여윳돈으로 #꼭 써야 할 돈은 주식투자 부적합 #젊을수록 공격적 투자 비율 높여야

주식투자의 제1의 원칙은 여윳돈으로 하는 것입니다. 빌린 돈으로 투자하는 것은 장기거나 단기거나 모두 바람직하지 않습니다. 결혼 자금이나 전세보증금, 아파트 중도금 등 언젠가 줘야 할 돈으로 투자해서도 안 됩니다. 잠깐 주식투자를 해서 불리려고 했는데, 잃게 되면 악순환이 됩니다.

특정한 시점에 갚아야 할 돈이나 꼭 써야 할 돈으로 주식투자를 한다면 주식을 파는 좋은 타이밍을 맞출 수 없게 됩니다. 내가 보유한 종목의 주가가 지금은 낮지만, 곧 오를 가능성이 큰 상황을 생각해봅시다. 이때 당장 돈이 필요하다면 손해를 감수하면서 주식을 팔아서 그 돈을 마련해야 합니다. 그러므로 당장 지출과 관련이 없는 여윳돈으로 주식을 해야 투자 효과를 높일 수 있습니다.

공격적 투자의 비율

수많은 주식 관련 책 중에서 장기투자의 대가가 쓴 부분을 인용하겠습니다.

"여유자금이란 오늘을 아낀 돈이다. 그냥 안 써도 될 돈을 모으면 금액에 상관없이 언제든지 여유자금이 된다. 몇천 원만 있어도 살 수 있는 좋은 주식이 얼마든지 있기 때문이다. 주식은 오를 것 같아서 사는 것이 아니라 소유하고 싶어서 사야 한다."

이 말이 너무 뜬구름 잡기 같다면, 분산투자 황금비율을 참고로 하면 됩니다. '100-나이' 법칙이라고도 합니다. 만약 내 나이가 30세라면 투자자금의 70%는 공격적으로 투자하라는 말입니다. 30%는 안정성 위주의 자산에 배분하는 것입니다.

나이가 젊은 사람은 공격적으로 투자를 해서 손실을 보더라도 만회할 시간이 충분하고, 또 고령층에 비해 상대적으로 오랜 기간 투자할 수 있기 때문에 기간에 따른 가격 변동 위험을 줄일 수 있습니다.

05

현금 없이도 하는 주식투자

#돈을 빌려서 하는 신용융자 #매수 대금 결제 시간차를 활용한 미수 #현금 거래가 바람직

"빚내서 하던 투자가 잘나가던 중국 증시의 발목을 잡았다."

중국 증시의 열풍이 불던 2015년의 평가입니다.

2015년에 2배 이상 오른 중국 증시는 1990년대의 우리나라 증시와 많이 닮았습니다. 1985년부터 코스피는 대세 상승을 보이다 5개월 만에 45% 폭락했습니다. 중국도 고점 대비 절반 가까이 내린 양상이 비슷합니다. 1990년대 한국과 2015년 중국의 개인투자자들은 불을 향해 죽을 줄도 모르고 날아드는 불나방처럼 빚을 내 투자했습니다.

나중에 돈을 주는 신용융자거래

신용융자는 물건을 사면서 돈은 나중에 주는 외상거래와 같은 것입니다. 투자자가 증권사에서 현금이나 주식을 빌려 매매하는 것인데, 그중에서도 현금을 빌려 거래하는 것을 신용융자거래라고 합니다.

증권계좌에 신용계좌를 개설하고 돈을 빌리면 되는데, 신용거래액의 일정 비율에 해당하는 증거금이 있어야 합니다. 예를 들어 주식 주문가격의 40%를 자기가 보증금으로 내고, 증권회사에서 60%를 현금으로 빌릴 수 있습니다. 신용거래 비율은 증권회사와 개인의 신용에 따라 다릅니다.

문제는 담보비율입니다. 증권사에서 빌린 현금으로 산 주식은 담보 주식이 되는데, 이 주식의 시세가 산 가격보다 떨어지지 않으면 상환기일에 맞춰 갚으면 됩니다. 그러나 주가가 떨어지면 담보 가치가 하락하고 증권사가 생각하는 담보비율 아래로 내려가면 투자자가 돈을 더 내야 합니다. 이때 추가 증거금을 내지 못하면 기한이 지나고 증시가 열리는 첫날, 장 시작 전 동시호가 매매 시간대에 반대 매매를 실행합니다.

2015년 중국 증시에서도 계속된 주가 하락으로 깡통계좌(신용거래 이후 주가 하락으로 원금까지 미상환된 계좌)의 반대매매를 조장해 주가 하락을 확대시키는 악순환으로 이어졌습니다.

미수라고 현재 가진 돈의 3.3배까지 주식을 살 수 있는 방법도 있습니다. 미수는 체결이 된 뒤 이틀 뒤에 정산이 되는 그 시간을 활용하여 투자 규모를 최대한 끌어올리는 방법입니다. 주가가 올라 이틀 사이에 팔면 되지만, 사흘째 되는 날에는 돈을 갚거나 반대매매를 당하게 됩니다.

저금리 시대라서 현금으로만 주식투자를 하지 않고 일부 주식담보나 미수, 신용으로 주식투자를 하는 사람들이 많지만, 이것은 매우 위험하다는 점을 잊지 말아야 합니다. 가능한 한 보유 현금으로만 투자하는 것을 권합니다.

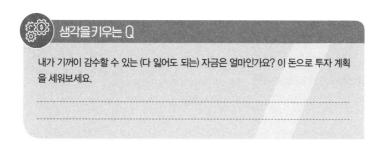

생각을 키우는 Q

내가 기꺼이 감수할 수 있는 (다 잃어도 되는) 자금은 얼마인가요? 이 돈으로 투자 계획을 세워보세요.

06 백미러만 보고 운전하기

#한 치 앞을 모르는 주식시장 #급락 때 서킷브레이커
#프로그램 매매 효력을 중단하는 사이드카

주식투자는 앞 유리를 블라인드로 막아놓고 '백미러'만 보고 하는 자동차 운전에 비유되곤 합니다. 앞을 볼 수 없지만, 백미러를 통해 뒤를 보며 '이쯤에 뭐가 있었고, 이쯤이면 뭐가 나오겠구나'라고 짐작하며 운전하는 것과 같다는 이야기입니다. 주가는 과거 흐름만 있지 앞으로는 어떻게 될지 모릅니다. 사실 미래를 알면 모두 다 돈을 벌겠지만요.

차트에서 쌍바닥이면 보통 반등이 나오는데, 하지만 특별한 경우로 쓰리바닥일지, 일반적인 패턴을 따른 반등 시점이 올지는 모릅니다. 기본적 투자에서도 과거 트렌드가 그랬다고 해서 미래 트렌드도 그렇다고 볼 수는 없습니다.

코로나19 여파로 바이오·제약 기업이 주목을 받았습니다. 진단 키트, 치료제 개발, 백신 생산 등과 관련된 기업의 주가가 상승했습니다. 그러나 코로나19가 진정된 이후에도 이 기업들이 계속 상승할지는 아무도 모릅니다. 고령화와 관련된 헬스케어 기업들이 반짝하다가 상승세를 이어가지 못한 일도 있었습니다.

돌발 악재에 대비해야

돌발 악재가 많다는 점에서도 운전과 같습니다. 증시에는 매매거래중단제도가 있습니다. 주가가 걷잡을 수 없이 하락하면 주식거래를 강제로 중단시켜버리는 것이죠.

매매거래중단제도는 서킷브레이커라 불립니다. 전기회로 차단기에서 유래한 용어입니다. 전기회로에 과부하가 걸리거나 누전이 일어나면 사고를 막기 위해 자동으로 회로를 정지시키는 것을 생각하면 쉽습니다.

1987년 10월 미국 증시의 주가 대폭락 사태인 블랙먼데이 이후 각국에 도입됐습니다. 우리나라에서는 1998년 12월부터 국내 주식 가격제한폭이 상하 15%로 확대되면서 서킷브레이커가 도입됐습니다. 코스피와 코스닥 지수가 전일 종가지수 대비 8% 이상 폭락한 상태가 1분 이상 계속되면 서킷브레이커가 발동됩니다. 이 경우, 현물 주식과 선물, 옵션 등 모든 주문이 20분간 일시 중단되고 이후 10분간 동시호가를 접수해서 매매를 재개하는 방식입니다.

2015년 6월에는 증시의 가격제한폭이 상하 30%로 확대되었습니다. 이에 따라 서킷브레이커가 3단계로 세분화되었습니다. 1단계는 주가지수가 전날보다 8% 이상 하락할 때입니다. 모든 주식거래가 20분간 중단되며, 이후 10분간 단일가 매매로 거래가 재개됩니다. 2단계는 전날보다 15% 이상 하락하고 1단계 발동 지수 대비 1% 이상 추가 하락한 경우입니다. 1단계와 마찬가지로 20분간 모든 거래가 중단되며, 이후 10분간 단일가 매매로 거래가 재개됩니다. 3단계는 전날보다 20% 이상 하락하고 2단계 발동지수 대비 1% 이상 추가 하락한 때입니다. 발동 시점을 기준으로 모든 주식거래가 중단됩니다.

서킷브레이커는 하루 1번만 발동할 수 있고, 장 종료 40분 전 즉 오후 2시 50분 이후에는 발동되지 않습니다.

생각을 키우는 Q

증권 포털에서 오늘의 하한가 종목을 검색해봅시다. 얼마나 하락했나요? 앞으로 전망은 어떤가요?

_____

_____

블랙먼데이와 서킷브레이커, 사이드카 이야기

1987년 10월 19일 월요일. 미국 뉴욕증권거래소의 다우존스지수가 508포인트(22.6%)나 하락하면서 1929년 대공황 수준(12%)을 훨씬 능가하는 대폭락이란 점에서 암흑의 월요일, 즉 블랙먼데이라 하게 됐습니다. 이 파동이 수일 내에 일본, 영국, 싱가포르, 홍콩 시장에서 큰 폭의 주가 폭락을 가져와 전 세계적으로 1조 7,000억 달러에 달하는 증권투자 손실을 초래했습니다. 이후 여러 기관에서 블랙먼데이의 원인을 찾아보니, 무역 적자 등 여러 구조적 요인과 함께 프로그램 매매 등이 복합적으로 작용한 것으로 분석됐습니다.

프로그램 매매란 주식시장과 선물·옵션 시장 간 연계를 통해 거래를 성사시키는 방법을 말합니다. 급변하는 시장 상황에서 컴퓨터에 의해 미리 입력된 프로그램에 따라 수십 개 종목을 한꺼번에 매매할 수 있게 주문을 냅니다. 이런 프로그램 매매가 몰리면 증시에 과도하게 급락이나 급등이 나올 수 있습니다. 이를 막기 위해 프로그램 매매 호가 효력을 일시적으로 중단시키는 게 사이드카입니다. 마치 경찰의 사이드카가 길을 안내하듯, 과속하는 가격에 교통사고를 내지 않도록 유도한다는 의미에서 이러한 이름이 붙여졌습니다.

선물가격이 전일 종가 대비 5%, 코스닥시장이 6% 이상 오르거나 내린 채 1분 이상 지속하면 프로그램 매매 효력을 5분간 정지시킵니다. 서킷브레이커와 마찬가지로 하루 1회에 한하며, 2시 50분 이후에는 발동되지 않습니다. 우리나라는 1996년 5월 주가지수선물시장을 개설할 때 사이드카를, 1998년 12월에는 서킷브레이커를 도입했습니다.

매도한 주식대금 언제 받나?

#주식을 팔아도 바로 돈이 들어오지 않는다 #주문은 즉시,
대금 결제는 T+2 #주문과 결제 시간차를 이용한 미수거래

주식을 처음 하는 사람들이 궁금해하는 것 중 하나가 주식을 팔았을 때 언제 돈이 통장으로 들어오느냐입니다.

주식거래에 있어서 'T+2'를 명심해야 합니다. 주식거래 과정에서 보듯 주문 체결은 바로 이뤄지지만, 결제는 이틀 후에 됩니다.

거래소 매매 시스템을 통해 주문 체결이 이뤄지면 주식을 산 사람은 매수대금을, 판 사람은 매도한 주식을 서로 주고받는 절차인 '결제'가 이뤄지는데, 우리나라는 매매체결이 이뤄진 날부터 세 번째 영업일에 예탁결제원을 통해 결제합니다.

시간차를 이용한 미수거래가 존재

만약 월요일에 주식을 팔았다면 그 대금은 수요일에 들어옵니다. 거래일 기준이기 때문에 금요일에 주식을 매도했다면 화요일에 돈을 손에 쥘 수 있습니다. 이 이틀 간의 시간차를 이용해 레버리지를 극대화하는 게 바로 미수거래입니다. 요즘은 위험성 때문에 미수가 안 되는 종목이 많지만, 본인이 가진 돈의 3배 정도를 매수하고 결제일까지 이틀 시간 동안 오르면 차입효과를 통해 수익을 극대화할 수 있습니다. 단, 주식을 팔지 않으면 빌린 남의 돈은 이틀 후에 갚아야 합니다. 그렇지 않으면 증권사에서 주식을 일괄적으로 팔아버리는 반대매매에 나설 수 있습니다.

그렇다면 T+2일 몇 시에 돈을 찾는 게 가능할까요? 은행 업무를 시작하는 9시 전후로 돈을 찾을 수 있습니다. 또 주식을 오전 10시에 팔 수도 있고, 장이 끝나기 전인 2시 45분에도 팔 수 있습니다. 시간 외 거래에서 5시 30분에도 매도할 수 있습니다. 몇 시에 팔았든 상관없습니다. 시간 외 거래가 마감되는 오후 6시 이전에 주식을 팔았다면 2거래일 후에 찾을 수 있습니다.

주식매매 일일 최대 이익은 이론상 85%

#주가는 하루에 아래위로 60%까지 움직인다 #하한가에 사서 상한가에 팔면 하루에도 85% 수익 #위험성도 커짐

2015년 6월 15일 주식투자자에게 큰 변화가 일어났습니다. 하루 안에 주가가 상승하고 하락할 수 있는 범위인 가격제한폭이 17년 만에 바뀐 것입니다. 전날 종가 대비 상하 15%의 변동 폭이 30%로 확대됐습니다. 예를 들어 1,000원짜리 주식이 과거에는 하루 1,150원까지 오를 수 있었지만, 2015년 6월 15일 이후 1,300원까지 상승할 수 있게 되었습니다. 반대로 과거에는 850원까지 내려갔지만, 가격제한폭 확대로 700원까지 하락하게 되었습니다.

기존에는 '더블'과 '반토막'이 되려면 5일씩이 걸렸지만, 30%로 확대되면서 주가가 배가 되는 데는 사흘, 50% 이상 떨어지는 데는 단 이틀이 걸리게 됐습니다.

장중 하한가에 샀다가 상한가에 팔면 하루 만에 85%의 수익을 올릴 수 있습니다. 예를 들어 전날 1,000원 하던 주식을 하한가인 700원에 사서 상한가인 1,300원에 팔면 600원이 이익입니다. 600원은 매수금액 700원의 85%가 넘는 금액입니다. 그런데 이것은 이론상 그렇다는 말입니다. 실제로는 좀처럼 일어나지 않는 일입니다. 반면 상한가에 잡았다가 하한가에 내놓으면 순간 반 토막을 경험할 수도 있습니다.

확대된 가격제한폭

상한가에서 하한가 사이 위아래로 하루 최대 30% 움직이던 게 60%로 대폭 확대되면서 기대수익률이 커진 반면 반대매매 등 위험 관리는 더욱 중요해졌습니다. 코스피시장은 1998년에 12%에서 15%로 확대된 이후 17년 동안 이를 유지했고, 코스닥시장은 2005년에 12%에서 15%로 커진 뒤 10년간 변하지 않았습니다.

'강산이 변한다'는 10여 년간 유지됐던 가격제한폭이 커지면서 초기 투자자들의 걱정도 많았는데, 점차 안정돼가는 모습입니다.

금융당국은 가격제한폭 확대를 두고 수년간 고민했습니다. 미국처럼 가격제한폭이 없는 나라도 있고, 가격 수준별로 정액제를 가격제한폭으로 설정하는 일본과 같은 나라도 있을 정도로 전 세계 추세도 각각 다릅니다. 말레이시아는 주가 하락에 대해서만 -30%의 가격제한폭을 설정하고 있습니다.

가격제한폭 확대로 순식간에 깡통계좌가 나올 수 있는 만큼 시장 안정화 장치도 마련됐습니다. 앞에서 설명한 서킷브레이커와 사이드 카가 그것입니다.

> **생각을 키우는 Q**
>
> 증권 포털에서 오늘의 상한가 종목을 검색해봅시다. 얼마나 상승했나요? 상승 이유는 무엇인가요?
>
> --
>
> --

09 증시가 열리지 않는 날은?

#증시는 주5일제 #달력의 빨간 날은 증시가 열리지 않는다 #매년 마지막 근무일도 휴장

달력의 빨간 날에는 주식시장이 쉽니다. 달력의 빨간 날은 관공서의 공휴일에 관한 규정에 따릅니다. 설이나 추석과 같은 명절, 광복절과 같은 공휴일, 5월 1일과 같은 노동자의 날에 증시는 열리지 않습니다. 새해 첫 개장하는 날에는 개장식 등의 행사 때문에, 대학수학능력시험이 있는 날에는 1시간씩 늦게 증시가 열립니다.

휴일이 아닌데도 공식적으로 쉬는 날이 1년에 딱 한 번 있습니다. 바로 매년 마지막 날입니다. 한국거래소의 규정에 따르면 12월 31일(휴일인 경우에는 직전 매매거래일)은 매매거래를 하지 않습니다. 이는 상장법인들이 주로 12월에 결산을 하는 결산법인이기 때문에 시장 조치(배당락, 권리락 등) 확인, 전산 시스템 점검 등 연간 단위로 이뤄지는 기본적인 업무 처리가 마지막 날에 몰리다 보니 하루 쉬게 된 것입니다.

IT 발달과 함께 연말 증시가 쉬는 날도 줄었습니다. 1977~1985년에는 연말에 거래일로만 7일을 쉬었다고 합니다. 모든 게 수기로 이뤄지던 그때, 수도결제(거래소에서 매매거래된 주식이나 채권이 증권거래소가 지정한 결제기구를 통해 매수 측은 대금을 매도 측은 증권을 수수하는 것)와 명의개서(주식을 갖고 있는 사람이 회사로부터 주주로 인정받기 위해 주주명부에 성명과 주소 등을 기재하는 것) 업무가 폭주하면 연말 마감을 할 수 없었기 때문입니다.

1985년 기말 계속 예탁제가 시행되면서 명의개서 기간으로 7일까지 둘 필요가 없어 5일로 줄어들었습니다. 1992년에는 5일이 3일로 단축됐는데, 증시개방에 따른 국제화 추세에 맞춘 것입니다. 당시 금융당국은 일본, 대만, 태국, 룩셈부르크 등은 연말 휴장일이 단 하루에 불과하며 미국, 영국, 프랑스, 홍콩, 싱가포르 등은 연말 휴장을 시행하지 않고 있다고 단축 배경을 설명했습니다.

이것도 예외가 있었습니다. 밀레니엄 버그 우려가 가득했던 1999년에서 2000년으로 넘어가던 해에는 월요일이던 1월 3일에도 쉬어 연말, 연초 휴장이 5일이 됐습니다. 지금처럼 하루로 쉬는 날이 줄어든 것은 2001년부터입니다. 연말 휴장이 길어지면 해외 불확실성이 커질 수 있고 해외 증시가 대개 하루 정도 연말에 휴장하고 있는 점 등을 고려해 규정을 개정한 것입니다. 선진국 증시의 흐름에 발맞추고 투자자들에게 필요한 현금 확보의 기회를 더 제공하자는 취지에서 이뤄졌습니다.

그 밖에 경제 사정의 급변 또는 급변이 예상되거나 거래소가 시장 관리상 필요하다고 인정하는 날에도 증시가 문을 닫습니다.

생각을 키우는 Q

주말과 공휴일을 제외하고 올해 증시가 열리지 않는 날을 적어봅시다.

10

주식투자 전용 프로그램 HTS

#홈트레이딩시스템-HTS #모바일에서는 MTS

주식거래를 효과적으로 하기 위해서는 투자자용 컴퓨터 프로그램인 홈트레이딩시스템HTS과 친해져야 합니다. 증권사 지점에 직접 찾아가거나 증권사에 전화를 걸어 주식거래를 하는 방법도 있지만, 누군가의 손을 빌리지 않고 내가 직접 해보고 싶다면 HTS를 통하는게 빠르고 정확합니다. 휴대폰으로 하는 MTS는 HTS를 간단하게 만든 것이니 기본이 되는 HTS를 공부하는 게 중요합니다.

계좌를 열었다면, 계좌를 개설한 증권사 홈페이지에 가서 HTS를 다운로드 받아야 합니다. 아이디와 패스워드를 입력하거나 공동인증서로 로그인하면 실행이 됩니다. 주식투자를 시작하면서 계좌에 돈을 넣고 직접 거래를 하기 전에 HTS 활용하는 방법을 배우고 숙달

시키는 게 좋습니다. HTS 메뉴 중에는 증권사에서 제공하는 활용 매뉴얼이 있으므로 차근차근 한 화면, 한 화면 보는 게 국내 증시 흐름을 읽는 데 도움이 됩니다.

가장 기본적으로 해야 하는 게 사용자 정의 화면 저장하기입니다. 나에게 필요한 화면들을 알맞게 배열한 상태로 해놓으면 매번 해당 화면을 불러오고 재배열하는 불편이 사라집니다. 주식투자에 필요한 뉴스, 글로벌 증시 흐름, 거래량, 거래대금, 차트, 공시 등 보기 편하게 만들어놓는 게 좋습니다.

가장 중요한 주문 창도 번개주문, 바로주문, 실시간주문 등 화면이 많습니다. 주식 매도주문, 매수주문, 상환주문, 신용매수, 정정주문, 취소주문 등 주문 화면만도 수십 개입니다.

주식 용어도 낯설고 HTS도 익숙해지기까지 시간이 좀 걸리겠지만, 화면을 보고 익숙해진 만큼 시장과 종목을 보는 눈이 한 뼘 더 자라나 있을 겁니다.

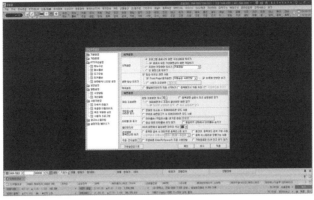

HTS 환경설정 예시(키움증권 HTS 영웅문4)

11
스마트폰 주식투자

#MTS는 스마트폰 주식투자 앱 #주식투자 매체 중 가장 높은 비중 #수수료와 편리한 기능을 고려

전 국민 스마프폰 시대입니다. 2019년 말 우리나라 국민 10명 중 9명이 스마트폰을 갖고 있습니다. 주식거래 역시 '손안의 객장'인 스마트폰으로 이루어지는 추세입니다.

스마트폰으로 주식거래를 할 때는 MTS라 불리는 모바일트레이딩시스템을 사용합니다. 증권회사마다 전용 앱을 만들어 배포하는데, 이것을 스마트폰에 설치하여 이용하는 방식입니다. 과거에 주류를 이루었던 HTS(홈트레이딩시스템)를 제치고 MTS가 가장 친근하고 편리한 투자 도구가 되었습니다.

인터넷이나 HTS가 일반화되기 전까지 투자자들은 증권사 지점에 찾아가거나, 증권사 지점에 전화를 걸어 주문을 냈습니다. 그러나

HTS가 일반화되면서부터는 각 증권사가 만들어놓은 시스템을 설치한 뒤 로그인하여 주식거래를 직접 할 수 있게 되었습니다. 수수료도 HTS가 쌉니다.

전업 투자자야 다양한 메뉴와 큰 화면이 좋겠지만, 직장에 다닌다면 눈치가 보이겠죠. 그리고 이동 중에도 주식거래를 할 수 있으면 훨씬 더 유리합니다. 그래서 MTS가 대세를 이루었습니다.

MTS는 주요 메뉴만 선별한 HTS를 스마트폰에 깔아 놓은 것입니다. MTS 초창기 때는 "화면이 작은데 그러다 잘못 눌러 주문 실수 내면 어떻게 하냐"는 우려가 많았습니다. 그러나 시스템도 안정되고, HTS에 비해 절차도 간편하다 보니 MTS로 대거 이동했습니다.

현재는 MTS를 이용한 주식거래 비중이 가장 높고, 그다음이 HTS입니다. 영업점과 전화 등을 이용한 거래는 미미한 수준입니다.

스마트폰으로 거래한다고 해도 증권계좌를 개설한 증권사의 앱을 통해야 하니, 증권회사 선택이 중요합니다. MTS 거래 시스템이 잘 돼 있거나 MTS 거래 수수료가 유독 싼 곳이 있는지 찾아보고 선택하는 것이 좋습니다. 수수료는 거래금액별로 다르게 책정되어 있으므로 내가 주로 거래하는 금액대의 수수료끼리 비교하면 됩니다.

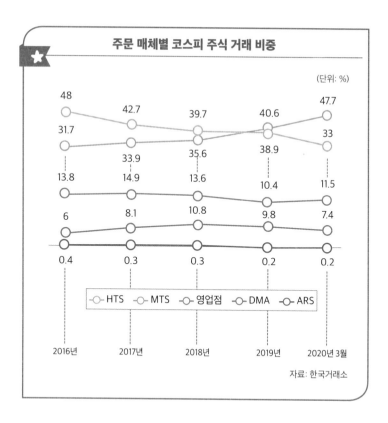

주문 매체별 코스피 주식 거래 비중

(단위: %)

48　　42.7　　39.7　　40.6　　47.7

31.7　　　　　35.6　　38.9　　33

33.9　　　　　　　　　　

13.8　　14.9　　13.6　　10.4　　11.5

6　　8.1　　10.8　　9.8　　7.4

0.4　　0.3　　0.3　　0.2　　0.2

─○─ HTS　─○─ MTS　─○─ 영업점　─○─ DMA　─○─ ARS

2016년　　2017년　　2018년　　2019년　　2020년 3월

자료: 한국거래소

CHAPTER 06

똑똑하게
주식 사고파는 법

주식
사고팔기

#주식거래계좌로 송금하기 #1주 단위로 매매 가능
#지정가 또는 시장가를 선택하여 매매

주식을 사려면 주식거래계좌에 돈이 들어 있어야 합니다. 따라서 주식투자의 시작은 여윳돈을 자신의 주식거래계좌에 이체하는 것입니다. 은행 인터넷뱅킹을 할 때 보낼 은행 목록을 보면 증권회사가 뜨는 것을 볼 수 있습니다. 이처럼 은행에 송금하듯이 증권계좌로 안전하게 돈을 보낼 수 있습니다. 송금한 후에 증권사 HTS나 MTS를 열어보면 계좌에 돈이 들어왔음을 확인할 수 있습니다. 이제 거래를 시작해볼까요. 첫 투자자라면 매도할 주식이 없을 것이므로 일단 매수 주문 준비부터 해보겠습니다.

내가 원하는 종목을 띄우면 주가 창이 보입니다. 삼성전자라고 종목명을 넣든 005930처럼 종목코드를 넣으면 됩니다. 매도 잔량과

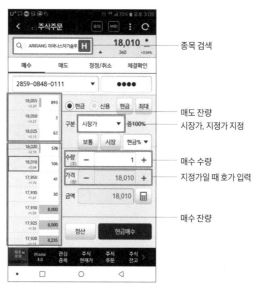

매수 잔량

시장가, 지정가 지정

매수 수량

지정가일 때 호가 입력

매수 잔량

종목 검색

매도 잔량

MTS 주식 매매창(유안타증권)

매수 잔량이 나옵니다. 매도 잔량은 그 가격대에 몇 주를 팔려고 하는지, 매수 잔량은 그 가격대에 몇 주를 살려고 하는지를 보여줍니다. 또 현재 거래되는 주가가 나옵니다. 매수 버튼이 있습니다. 여기에 입력해야 하는 게 일단 수량과 가격입니다.

　2014년까지 우리나라 증시에는 최소거래단위 규정이 있었습니다. 5만 원 미만 종목을 사고팔 때는 10주 단위로만 거래할 수 있었습니다. 그러나 2014년 6월 2일부터 1주 단위로 사고팔 수 있게 됐습니다. 증시에서 모든 주식을 1주 단위로 사고팔 수 있는 제도를 시행하자 거래가 쉬워지면서 새로운 거래 수요가 생겼습니다.

호가의 단위

주식 주문을 낼 때는 원하는 금액을 넣는 단위가 정해져 있습니다. 거래를 편리하게 하기 위해서입니다. 호가 단위가 없다면 100만원짜리 주식을 사고파는 데 매도호가와 매수호가가 단 1원 차이로 거래가 이루어지지 않을 수 있습니다. 그래서 주식가격에 따라 호가 단위를 정하고 있습니다.

그런데 가격을 지정가로도 넣을 수 있고 시장가로도 넣을 수 있습니다. 지정가는 말 그대로 내가 호가 단위에 맞게 직접 입력하는 가격이고, 시장가는 현재 시장에서 체결되는 가격으로 사고팔아 달라고 주문하는 가격입니다. 시장가 주문은 가격보다는 체결 가능성을 중요시하는 주문이어서 즉시 체결되는 일이 많으니 주의해야 합니다. 거래소 조사에 따르면 거의 대부분의 투자자가 지정가주문으로 거래한다고 합니다.

주가	코스피	코스닥
1,000원 미만	1원	1원
1,000~5,000원 미만	5원	5원
5,000~10,000원 미만	10원	10원
10,000~50,000원 미만	50원	50원
50,000~100,000원 미만	100원	
100,000~500,000원 미만	500원	100원
500,000원 이상	1,000원	

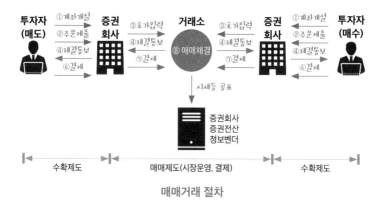

매매거래 절차

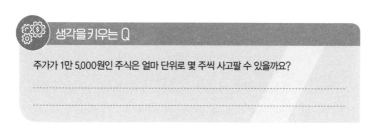

생각을 키우는 Q

주가가 1만 5,000원인 주식은 얼마 단위로 몇 주씩 사고팔 수 있을까요?

02 주식매매거래가 체결되는 순서

주식을 사거나 팔 때 내가 먼저 주문을 내었는데, 나보다 한참 늦게 주문을 낸 사람의 거래가 먼저 체결되는 경우가 있습니다. 이것은 주문은 시간도 중요하지만 가격 우선의 원칙에 따르기 때문입니다. 사겠다는 호가의 경우 더 높게 부르는 호가가 더 빨리 체결됩니다. 반대로 팔겠다는 호가는 더 낮게 부르는 호가가 우선합니다. 나보다 더 높은 가격에 사겠다거나 더 낮은 가격에 팔겠다는 사람이 있다면 그 거래가 먼저 체결됩니다. 또한 시장가는 나와 있는 가격에 사고팔아 달라는 부탁이므로 특정 가격을 지목한 지정가보다 더 우선합니다. 그래서 거래를 빨리 체결하고 싶으면 시장가로 주문합니다.

시간보다 호가 우선

그럼 높은 가격이면 무조건 먼저 매수주문이 체결될까요? 우리나라에는 가격제한폭이 있습니다. 전일 종가의 30% 오르고 내리는 한도를 정해 터무니없는 가격이 입력되는 것을 방지하고 있습니다. 매수와 매도 호가가 똑같을 때는 0.01초라도 먼저 매수나 매도 버튼을 누른 사람이 더 빨리 체결됩니다. 가격 우선 다음에는 시간 우선의 원칙이 적용됩니다.

가능성은 희박하지만, 하한가나 상한가를 기록할 때는 하한가 지목 매도, 매수 주문이나 시장가 매도, 매수 주문이 똑같이 간주됩니다.

같은 시간, 같은 호가의 주문이 여러 건이라면 많은 수량을 주문한 사람이 먼저입니다. 즉 대량 주문이 소량 주문보다 더 빠릅니다.

03

공매도 언제까지 금지되나?

#향후 하락 예상 주식을 빌려 먼저 판다 #2021년 5월 3일까지 전면 금지 #인버스 ETF는 공매도의 대안

주식 좀 한다는 주변인을 뒀다면 공매도라는 말을 한 번쯤 들어봤을 겁니다. 공매도 세력 때문에 주가가 더 내려간다며 공매도를 나쁜 세력으로 규정하기도 합니다.

공매도는 주식을 빌려 파는 투자 기법입니다. 현재 수중에 없는 주식을 판다고 해서 공매도라고 합니다. 현재 없는 돈을 가지고 주식을 매수하는 미수나 신용·융자의 반대 개념으로 생각하면 됩니다.

공매도를 하고 싶으면 주식을 가진 주주에게 빌린 대가로 이자를 지불하고 증권사를 통해 주식을 빌립니다. 빌린 주식을 대주라고 합니다. 이 주식을 현물시장에 내다 팝니다. 주가가 내려가면 싼 값에 다시 사 원래 주인에게 갚으면 됩니다. 지금 주가에서 팔아 나중에 주가가 더 낮아지면 되사서 채워 넣는 개념입니다.

주가가 하락한 만큼 이득을 얻는 게 공매도입니다. 2013년에는 코스닥 대표주 셀트리온이 공매도 때문에 기업 경영이 어렵다며 경영권 매각이라는 극단적인 카드를 꺼내 들기도 했습니다.

개인은 공매도 불가능

외국인이 주로 하던 공매도는 롱-숏펀드 전성시대와 함께 계속 사상 최고 수준을 갱신했었습니다. 공매도가 다양한 투자 기법 중 하나로 시장에 투자 활력을 촉진한다고 하지만, 유언비어나 악의적 소문을 내 주가를 떨어뜨린 뒤 막대한 수익을 노려 시장 혼란을 초래한다는 부정적인 면도 없지 않습니다.

공매도에 대항하자는 자발적인 움직임도 생겨났습니다. 우리나라에서 공매도는 빌려서 하는 차입 공매도만 허용하고 있고, 기관이나 외국인만 거래할 수 있게 규정했었습니다. 개인투자자는 공매도를 할 수 없게 되어 있었습니다.

공매도에 대한 부정적인 시각이 커지고, 부작용이 생기자, 정부는 한시적으로 공매도를 금지했습니다. 2020년 3월16일부터 9월 15일까지 6개월 동안 전체 상장 종목을 대상으로 공매도를 금지했습니다. 그리고 이 조치는 6개월 연장되어 3월 15일까지 공매도가 금지되었습니다. 이후 2차 연장되어 공매도 금지 기간은 2021년 5월 3일까지입니다. 공매도 금지 조처가 해제되더라도 기존처럼 개인투자자는 금지할 전망입니다.

공매도와 비슷한 개념의 거래로는 대주 거래, 주가가 내리면 돈을 버는 인버스 ETF가 있습니다. 특히 인버스 ETF는 개인이 하락 시장에서 수익을 올리는 효과적인 방법입니다. 주가 하락에 베팅하는 건 그동안 긴 호흡으로 보면 주가가 꾸준히 올랐고, 경제를 나쁘게 전망할 때나 수익을 낼 수 있어서 위험할 수 있습니다. 단기간 활용하거나 위험 헤지를 위한 용도로 사용하면 좋습니다. 그리고 인버스 ETF에 투자하기 위해서는 사전 교육(온라인 과정)을 받아야 하며, 주식거래 계좌에 1,000만 원 이상의 예치금이 들어 있어야 합니다.

생각을 키우는 Q

공매도 금지에 대해 찬성하시나요, 반대하시나요? 그 이유는 무엇인가요?

04

주식투자의 절대 금기

아무리 강조해도 지나치지 않을 주식투자의 금기들이 있습니다. 한 번 더 강조하기 위해 주식투자를 준비할 때 명심해야 할 원칙들을 짚어보겠습니다.

급한 돈은 금물

먼저 급한 돈은 절대 투자해서는 안 됩니다. 3개월이나 6개월 후에 반드시 사용해야 할 용도가 있는 자금은 주식투자용으로 결코 적합하지 않습니다. 시한부 같은 그 시간에 일정 수준의 수익을 내지 못하는 경우 악순환이 시작됩니다. 아무리 좋은 주식도 상황에 따라 도매금으로 넘어가는 경우가 있습니다. 상상하기도 싫지만 당장 내일이라도 글로벌 금융위기 같은 사태가 발생하면 아무리 좋은 주식이나 대단한 재료를 가진 주식도 떨어질 수밖에 없습니다. 내가 정해놓은 시간 안에 주가가 오른다는 보장은 없습니다.

빚으로 하는 투자도 금물

빚내서 하는 투자 역시 바람직하지 않습니다. 내 돈에다 남의 돈을 빌려 투자금을 늘리는 레버리지 투자는 상승장에서는 빛을 발합니다. '빚을 안 내는 사람이 바보'라고 말할 정도로 저금리 시대이기도 합니다. 여기저기서 신용이나 담보대출을 쓰라고 현혹합니다. 레버리지가 저금리 시대의 투자 기법이 될 수도 있지만, 하락장으로 돌아서거나 변동성이 커지면 위험 관리가 되지 않습니다. 과도한 레버리지는 주가가 10%만 빠져도 반 토막 날 수 있습니다.

나만 아는 정보는 없다

'카더라' 통신으로 주식을 사지 말라는 것이 그 마지막입니다. 친구고 지인이고 솔깃한 얘기를 참고는 할 수 있습니다. 그러나 좋다는 얘기를 듣고 공시 한 번 열어보지 않고 매수 버튼을 누르는 것은 위험하기 그지없는 행동입니다. 정보가 차단됐던 과거에는 이런 카더라 매매로 큰돈을 벌기도 했지만, 지금은 정보가 모두 공개된 시대입니다. 정보의 확산 속도도 무제한에 가깝게 빠릅니다. 그냥 내가 그 정보를 듣는 순간 한국의 모든 투자자가 같은 정보를 알고 있다고 생각하시면 됩니다.

초보자라면 멘토가 있으면 좋겠습니다. 워런 버핏과 같은 전설적인 투자자일 수도 있지만, 기왕이면 우리나라 주식을 잘 아는 사람, 지인일 수도 있고 증권사 직원일 수도 있습니다. 혼자만 결정하지 말고 보는 눈이 생기기 전까지는 멘토를 찾아 도움을 받는 게 좋습니다.

05

주식 매수,
기다림의 미학

#주식 매수 서두르지 말라 #모든 점검 사항 검토 후 주문
#움직임을 차분하게 지켜본 후 매수

유망 종목을 찾았다면 주가가 하락할 때까지 기다려야 하나요, 즉시 사야 하나요?

많은 투자자가 하는 고민입니다. 주가가 장 시작과 동시에 오르기 시작하면, 지금 사면 안 될 것 같은 마음이 들 때도 있을 것입니다. 침착하게 기다렸다가 저점을 놓치면 다음번에는 더 조급해지는 게 사람의 마음입니다. 그러나 탐욕과 조급함이 주식투자에 있어 가장 피해야 할 마음가짐입니다. 침착해도 됩니다. 기다릴 줄 알아야 합니다.

좋은 종목이라고 9시에 장이 시작하자마자 덥석 사버리는 것보다는 1시간, 2시간, 종가까지 지켜보고 싸게 살 기회를 찾아야 합니다. 최소 5년간의 사업보고서를 정독했는지, 차트를 일간, 주간, 월간으로 모두 봤는지, 외국인과 기관의 매매 동향과 최근 거래량 등도 확인했는지를 따져보고, 판단 과정을 충실하게 끝났다면 그때 매수 버튼을 누르면 됩니다.

한 시도 빼놓지 않고 오르는 주가는 없고, 사상 최고가가 영원한 주가도 없습니다. 투자할 수 있는 날이 하루만 있는 것도 아닙니다. 투자 이후에 많은 생각을 하기보다는 투자 이전에 깊은 고민을 다각도로 하는 게 좋습니다.

> **생각을 키우는 Q**
>
> 사놓고 기다리면 수익이 높을 것이라고 예상하는 종목이 있나요?
>
> --
>
> --

원하는 종목을 싸게 살 타이밍

#최적의 타이밍은 상황과 종목에 따라 다르다 #내가 싸다고 판단하는 가격이면 언제든 실행하라 #시간 외 단일 가거래도 고려할 만하다

2015년 8월 이후 한국 증시는 급락장이 펼쳐졌습니다. 이때 중국 증시의 영향력이 과도하게 커지다 보니, 하루 매매는 오전 10시 이전에 끝내는 게 좋다는 말이 나오기도 했습니다. 중국 증시에 따라 국내 증시가 급등락하기 때문에 통상 중국 증시가 시작하는 10시 20분~30분 이전에 사고파는 것이 유리하다고 해서 나온 말입니다.

한동안은 점심시간 공격이 유행했습니다. 대규모 자금을 운용하는 펀드매니저들이 11시 30분 무렵에 점심을 먹으러 나가기 전 매도 주문을 걸어놓고 가는데, 이때는 매수 주문 공백이 생기기 때문에 잘 관찰하다 보면 좀 더 싸게 주식을 살 수 있다는 데서 유래했습니다.

그러나 하루하루, 매 시간 상황이 다르므로 '주식을 싸게 살 수 있는 정해진 시간'은 없습니다. 모든 분석을 끝낸 내가 싸다고 생각하는 주가라면 시간과는 관계없이 실행에 나서야 합니다.

장중에는 어느 가격에 사야 할지 모르겠다면 시간 외 거래를 활용하는 것도 한 방법입니다. 주식거래에서 정규장이 종료된 오후 3시 30분부터 4시까지는 당일 종가로 매수할 수 있습니다. 그리고 오후 4시부터 6시까지는 시간 외 단일가거래입니다. 이때는 당일 종가의 아래위로 10% 이내 범위에서 매매할 수 있습니다. 단, 그날의 상한가 범위 안에서만 이 비율이 적용됩니다. 시간 외 단일가거래는 10분 단위의 단일가 매매를 할 수 있습니다. 즉 12번의 단일가 거래가 가능합니다.

시간 외 단일가거래는 HTS나 MTS의 주문 화면에서 (거래)구분을 시장가나 지정가로 하지 않고 단일가로 정하면 됩니다.

07 하락 중인 종목에 투자한다면

#떨어지는 칼날을 잡지 말라 #하락 추세에서 사면 저가 매수가 아니다 #비이성적 투매가 일어날 때는 우량 종목을 사들여라

주식시장에는 격언이 참 많습니다. "떨어지는 칼날은 잡지 말라"도 그중 하나입니다. 어떤 종목이 상승세를 이어가다가 갑자기 뚝 떨어지거나, 증시 상황이 좋지 않다거나 큰 악재가 나와 급격하게 하락하는 경우를 떨어지는 칼날이라고 합니다. 이런 상황의 차트를 보면 마치 예리한 칼날처럼 보여서 이런 말이 생겼습니다.

자신이 관심을 두고 있던 종목이 단기간에 20~30% 하락하면 당장 사들이고 싶어집니다. 저가 매수의 기회라고 판단하게 됩니다. 하지만 매수 시점 이후에 주가가 계속 하락하면 결과적으로 저가 매수가 아닌 것이 됩니다. 최악의 경우가 떨어지는 칼날을 잡았다가 손실이 나자, 더 낮은 단가에서 비중을 늘리는 물타기에 나서는 상황입니다.

일회성 악재가 아니라 추세적인 하락세라면 결과는 참담합니다. 주가는 수년간 유지했던 주가라도 한 번 크게 떨어진 뒤에도 더 큰 폭으로 계속 떨어질 수 있다는 사실을 기억해야 합니다. 이 때문에 떨어지는 칼날은 잡지 말라고 합니다.

그러나 이름만 대면 알 만한 우리나라 가치투자의 대가는 "떨어지는 칼날은 무조건 잡으라"고 말합니다. 물론 투매의 경우입니다. 증시 상황이 좋지 않아 공포감이 극대화되면 주식을 그냥 팔아버리고 싶은 심리에 휩싸이는데, 이게 전염병과 같아서 팔겠다는 사람만 있고 사겠다는 사람은 없어집니다. 이럴 때 떨어지는 칼날은 잡아야 할 절호의 기회이고, 시간을 두고 기다리면 기업의 가치만큼 주가는 제자리에 와 있을 것이라고 합니다. IMF 때가 그랬고, 글로벌 금융위기 때도 이 경우에 해당합니다.

08

내가 판 주식이 계속 오를 때

#스트레스는 금물 #기회가 무궁무진함
#한 종목이라도 여러 차례 기회를 노린다

주식투자를 하면서 가장 화나는 때가 언제일까요? 내가 산 주식이 내리는 것보다 내가 판 주식이 계속 오를 때라고 합니다. 사촌이 땅을 사면 배가 아픈 걸까요.

매수한 주식이 2~3배 올라서 매도했는데, 매도하고서도 주가가 지속적으로 상승하는 것을 보면 실패한 전략이라고 생각하기 쉽습니다. 그러나 이것은 잘못된 생각입니다.

주식투자의 기회는 무궁무진합니다. 본전을 지켰다면 다음번에 또 투자 기회가 있고, 조금이라도 벌었다면 투자할 수 있는 여력이 더 커졌다는 뜻입니다.

그리고 계속 오르는 주가는 없습니다. 판 주식이 다시 내릴 수도 있습니다. 통상 초보 투자자들이 하는 가장 큰 실수가 "내가 얼마에 샀는데 고작 이 가격에 팔아? 내가 얼마에 팔았는데 그보다 더 높은 주가에 똑같은 주식을 사?"입니다.

주가는 흐름을 타기 때문에 같은 종목에서도 또 기회가 올 수 있습니다. 행복하자고 하는 주식, 스트레스 받으면서 할 필요는 없겠죠?

09

매도 종목
우선순위 정하기

#갑자기 현금이 필요할 때
#수익 난 종목과 손실 난 종목 중 먼저 팔아야 할 때는

보유하고 있는 5개 종목 중에서 갑자기 현금이 필요해서 주식을 일부 팔아야 하는 상황이 생겼다고 합시다. 3종목은 수익이 난 상태고, 2종목은 손실을 크게 보고 있습니다. 어떻게 해야 할까요? 어느 종목을 팔아야 할까요?

이럴 때 보통은 수익이 난 종목의 수익을 확정해서 현금을 마련합니다. 현금이 필요한 경우가 아니어도 손실을 확정 짓고 손실 난 종목의 이른바 물타기(매수 단가를 낮추는 것)를 하거나, 더 잘 오를 것 같은 새로운 종목을 발굴합니다.

그러나 수익 난 것보다는 손실 난 것을 먼저 살펴볼 필요가 있습니다. 왜 손실이 났는지를 파악하는 것입니다. 손실의 원인이 다음

장에서 말할 손절매의 원칙에 해당한다면 손실 난 주식을 정리해야 합니다. 잃는 것을 두려워하지 않아야 다음 기회도 찾을 수 있습니다. 단, 손절매의 원칙에 해당하지 않는다면 이익이 난 것을 확정해 현금을 확보해도 됩니다.

손절매의 중요성은 아무리 강조해도 지나치지 않습니다.

앞 장에서 말한 서킷브레이커나 사이드카 외에 개별 종목의 매매 거래를 정지시키는 제도도 있습니다. 투자자를 보호하고 시장 관리상 필요하다고 인정하는 경우에는 특정 종목의 매매거래를 일시적으로 정지할 수 있습니다. 어음이나 수표의 부도, 은행과의 거래정지와 금지, 영업활동의 전부나 일부 정지 등 상장법인의 존폐와 관련된 풍문 등의 사유로 주가와 거래량이 급변하거나 급변이 예상되는 종목은 강제적으로 매매를 중단시킵니다.

이런 정지에서 벗어나기 위해서는 중단 사유를 설명한 조회공시를 하고 이 시점부터 30분이 지난 때에 재개됩니다. 다만 오후 2시 이후에 공시하면 다음 날부터 매매가 재개됩니다. 공시 이후에도 회사를 위협하는 요소나 풍문이 해소되지 않거나, 공시 내용이 상장폐지 기준에 해당하거나 관리종목 지정 사유가 되면 매매 거래가 연기됩니다.

투자경고,
위험종목과 관리종목

주가가 단기간 급등한 경우 투자경고종목으로 지정합니다. 경고종목 이 됐는데도 추가로 급등하면 투자위험종목으로 한 단계 더 높입니 다. 투자자들에게 이 종목 투자 시에는 신중을 더 기하라는 내용입 니다.

이런 투자경고나 위험종목에 대해서는 진짜 수요가 아닌, 가수요 를 억제하기 위해 위탁증거금을 100% 징수하도록 하고 있습니다. 기존 신용거래는 물론 신규 신용거래를 못 하게 하는 것입니다.

신용거래란 투자자가 자신의 돈이 아닌 빌려서 하는 거래를 말합 니다. 주식 매입자금이 없는데 증권회사에서 빌려서 주식을 사는 것 을 신용융자거래라고 하며, 팔 주식을 보유하고 있지 않은데 증권회 사에서 빌려서 주식을 파는 것을 대주거래라고 합니다.

상장폐지 사유에 해당하는 종목도 별도의 관리를 통해 투자자 주 의를 환기시키고 있습니다. 바로 관리종목지정제도입니다. 관리종목 으로 지정된 뒤 이렇게 지정된 사유를 해소하느냐, 못하느냐의 여부 에 따라 상장폐지나 지정해제 조치를 받습니다.

관리종목지정 기준으로는 사업보고서 등 미제출, 영업활동 정지, 자본금 잠식, 주식 분산 기준 미달, 거래량, 주가 및 시가총액 일정 수준 미달 등이 있습니다. 투자경고, 위험종목과 마찬가지로 신용거래가 허용되지 않습니다.

생각을키우는 Q

현재 관리 종목은 무엇인가요? 인터넷 검색을 통해 과정을 파악해보고 앞으로의 전망을 해봅시다.

10 손절매의 원칙

#하락 폭을 정하는 기계적인 손절매는 다시 생각 #하락이 기업의 문제라면 과감하게 실행 #업종과 시가총액 등을 검토

손절매는 앞으로 주가가 더욱 하락할 것으로 예상해서 가지고 있는 주식을 손해를 감수하고 매입가격 이하로 파는 일입니다. 손절매는 칼같이 실행하라는 말을 한 번쯤 들어봤을 것입니다.

투자자 각자의 투자 방식에 따라 설정해놓은 기준에 따라 손절매 원칙을 지키는 것은 감당할 수 없는 수준까지 손실이 커지는 것을 방지해주는 매우 중요한 투자기법입니다. "언젠가는 오르겠지…"라는 막연함으로 기다린다면 매우 위험합니다. 지난 세월 동안 흔적도 없이 사라진 기업들을 많이 보아왔습니다. 그리고 반 토막이 난 주가는 −50%의 수익률을 기록했을 뿐이지만, 원금을 회복하려면 떨어진 주가에서 100%의 수익률이 나야 합니다. 가파르게 떨어진 종목의 회복은 생각보다 쉽지 않습니다.

하락 원인부터 파악해야

15% 이상 떨어지면 손절매하라는 원칙이 있습니다. 과거 상·하한가인 그 폭 이하로 주가가 떨어지면 일단은 손실을 확정 짓고 다른 방법을 찾으라는 조언입니다. 그러나 지금은 상·하한가 폭이 30% 이상으로 확대됐고, 손실이 일정 수준 넘으면 기계적으로 실행하는 손절매에 동의할 수 없는 부분도 있습니다. 국면 국면마다 상황이 다르고 수많은 변수가 주가를 움직이고 있는데, 얼마 이상 빠졌으니 손절매를 해야 한다는 기계적인 원칙은 최선이 아닐 수도 있습니다.

이럴 때 중요 원칙이 있습니다. 가장 중요한 점검 요인은 내가 가지고 있는 종목의 하락 요인을 찾는 것입니다. 시장 요인에 의한 것인지, 아니면 개별 종목 이슈에 의한 것인지를 판단해야 합니다. 시장 상황이라면 기계적인 손절매보다는 시장 상황을 봐가며 대응해야 합니다. 개별 종목에 치명적인 이슈라면 뒤도 보지 말고 팔아야 합니다.

그러나 하락의 원인이 시장과 개별종목의 원인이 결합되는 경우에는 참 어렵습니다. 이럴 때는 보유 종목이 속해 있는 업종과 시가총액을 고려해 시장에 의한 하락 수준을 제거해내는 것이 중요합니다. 예를 들어 나의 손절매 원칙은 -10%인데, 시장을 뺀 내가 보유한 종목의 하락 원인이 10%가 되지 않는다면 손절매를 유보하는 게 더욱 합리적입니다.

CHAPTER 07

차트로
투자 고수 되기

01

차트란
무엇인가?

#부의 축적 원리 #잠자는 중에도 돈 벌기
#노동과 투자 병행

일본에 혼마쇼규本間宗久(1724~1803년)라는 사람이 있었습니다. 그는 사케다酒田 지역에서 1750년부터 쌀 거래를 해서 큰돈을 모았는데 그만의 비법이 담긴 《혼마쇼큐 비록》이 후대에 알려지면서 차트가 분석 수단으로 널리 이용됐다고 전해집니다. 이 차트가 바로 음양선 (봉 차트)으로 국내에도 많은 영향을 줬습니다.

　일본에서는 17세기부터 음양선 도표candlestick chart를 이용해 상품 거래시장을 분석했는데, 우리나라에 차트가 들어온 것은 미국과 유사한 1970년대 말 또는 1980년대부터라고 알려졌습니다.

　점에서 점으로 연결하다 선에서 선으로 연결하다 보니 추세라는 게 발견됐습니다. 상당 기간 주가가 일정한 추세를 유지하는 경향이 있고, 주가의 움직임이 일정한 패턴을 만들면서 반복하다 보니 차트 분석이 주가 분석의 방법으로 큰 인기를 끌게 됩니다. 컴퓨터가 개발되기 전까지는 증권회사 직원이 일일이 손으로 차트를 그렸지만, IT 붐이 한창이던 2000년 이후부터는 증권사에서 HTS를 통해 봉 차트 등을 제공하면서 대중화되기 시작했습니다.

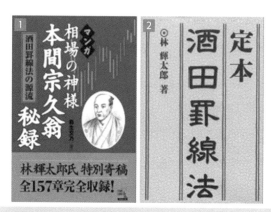

① 만화《시세의 신 혼마쇼큐옹 사케다 괘선법 원류》(マンガ 相場の神様 本間宗久翁秘録— 酒田罫線法の源流), 하야시 데루타로우 지음
②《사케다 괘선법》, 하야시 데루타로우 지음

차트의 시작

차트는 가격의 종가를 기록한 점_{dot}에서 시작해서 선 차트_{line chart}
로 진화되었고 봉 차트의 패턴을 분석하는 패턴분석과 추세의 이탈
여부를 분석하는 추세 분석이 주종을 이루고 있습니다.

차트 분석은 보통 ① 봉 차트 분석, ② 추세 분석, ③ 패턴 분석,
④ 지표 분석 등으로 나눠 세분화하고 있습니다.

점(dot) → **선 차트(line chart)**

가격 움직임을 표시하는 가장 간단한 방법이 점(dot)

선(line) 차트는 매일의 종가를 직선으로 연결한 도표

단적인 가격 움직임에 초점을 맞춘 흐름에서 시간관계를 고려하여 표시하기 위해 점(dot)과 점을 이은 선(line) 차트가 탄생

개별 주식의 종가뿐만 아니라 매일의 주가지수를 직선으로 연결하여 시장 추세를 나타냄

일본식 봉 차트가 대세

세계적으로 일본식 차트가 대세입니다. 일본식 차트는 서로 다른 움직임을 보인 것을 하나의 봉으로 표시한 것으로 봉 차트는 동일하지만 내용은 제각각 다릅니다.

- 양봉: 지수가 시초가보다 상승했을 때 '몸통'의 색깔을 비워 놓거나 빨간색으로 표시
- 음봉: 지수가 시초가보다 하락하여 마감했을 때 '몸통'의 검은색 또는 파란색으로 표시

일본식 차트는 시가, 고가, 저가, 종가의 네 가시 주가를 모두 표시
- 시가에 비해 종가가 하락한 경우를 청색 혹은 흑색의 음선형으로 표시(음봉)하여 하락했다는 것을 알 수 있도록 표시함
- 시가에 비해 종가가 상승한 경우는 붉은색 혹은 백색의 양선형으로 표시(양봉)

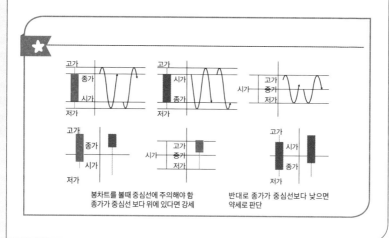

봉차트를 볼때 중심선에 주의해야 함
종가가 중심선 보다 위에 있다면 강세

반대로 종가가 중심선보다 낮으면
약세로 판단

02

차트로 미래 주가 흐름 예측하기

#다른 기술적 분석과 병행해야 높은 효과 #추세가 이어질 때 차트가 위력 발휘 #과거 정보가 없거나 돌발 상황에서 무력함

하루하루 주가의 흐름에 따라 그 궤적을 그리는 것이 차트입니다. 앞으로의 주가 흐름을 예측하는 데 도움이 되는 차트 분석은 주가를 분석하는 기술적 분석 방법 중 하나입니다.

수많은 기술적 분석 방법론이 있지만 차트 분석만 보면 추세 분석(주가가 상승, 하락, 횡보 가운데 어느 쪽으로 움직일지 분석), 패턴 분석(미래의 주가가 어떤 방향으로 전개될지 분석), 거래량 분석(얼마에 어느 정도 거래됐는지를 보며 시장 활성화 정도를 분석), 수급 분석(일반 투자자가 얻기 힘든 정보를 기관이나 외국인이 먼저 알고 매매에 임했을 것이라는 가정하에 매수나 매도 여부를 분석) 등을 할 수 있는 보조지표 등이 포함돼 있습니다. 이런 것들을 종합적으로 분석한 후 개별 기업의 주가에 영향을 줄 수 있는 재료들을 정리한 후 차트 분석을 통해 미래 흐름을 분석해야 예측 능력이 높아집니다.

일반적으로 차트만으로 미래를 예측할 수 있다고 자신 있게 말할 수 있는 구간은 추세가 이어질 때입니다. 예를 들어 상승 추세(주가가 오르는 구간)에서 기술적 분석은 큰 힘을 발휘하게 됩니다.

이동평균선 등을 이용, 더 아래로는 떨어지지 않는다는 지지선과 이 위로 올라가기 쉽지 않다는 저항선 분석을 할 경우, 어느 정도 가격에서 매도를 해야 하는지 반대로 매수해야 하는지 등을 알 수 있습니다. 그러나 기술적 분석 특히 차트 분석을 통해 미래 주가 흐름을 예측하기 어려울 때가 있습니다. 과거 주가 흐름이 없는 신규 상장 종목이나 신고가 종목, 신저가 종목 등이 그것입니다.

차트 분석이 시세가 반복된다는 가정에서 출발했기 때문에 과거 자료가 없거나 기업 내용이 완전히 바뀌어 새로운 시세를 낼 경우, 대표이사 등의 횡령, 부도 등의 돌발 상황이 발생할 때는 차트 분석의 신뢰성이 떨어집니다.

기술적 분석의 핵심 포인트

차트 분석은 매수 시점과 매도 시점을 파악하는 데 유용하지만 과거의 추세나 패턴이 미래에도 그대로 적용되리란 보장이 없다는 것입니다. 그 장점과 단점이 명확하므로 상황에 따라 적절하게 이용하는 지혜가 필요합니다.

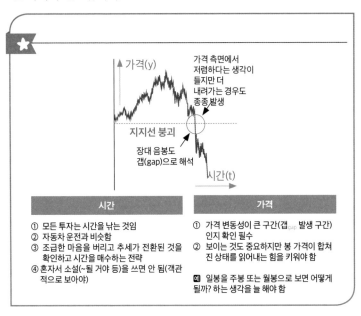

시간	가격
① 모든 투자는 시간을 낚는 것임 ② 자동차 운전과 비슷함 ③ 조급한 마음을 버리고 추세가 전환된 것을 확인하고 시간을 매수하는 전략 ④ 혼자서 소설(~될 거야 등)을 쓰면 안 됨(객관적으로 보아야)	① 가격 변동성이 큰 구간(갭, gap 발생 구간)인지 확인 필수 ② 보이는 것도 중요하지만 봉 가격이 합쳐진 상태를 읽어내는 힘을 키워야 함 예 일봉을 주봉 또는 월봉으로 보면 어떻게 될까? 하는 생각을 늘 해야 함

과거로 미래를 말한다

#차트 무용론은 오해 #기본적 분석과 병행하면 효과적
#본질적 가치를 찾기 힘들 때 활용

일부에서는 차트 무용론을 주장하기도 합니다. 과거 얘기가 무슨 소용이 있냐는 것이 주된 근거입니다. 그러나 이는 기본적인 분석과 기술적인 분석의 차이를 모르기 때문에 나오는 말입니다.

기본적 분석과 기술적 분석의 차이점

기본적인 분석은 기업의 재무제표를 분석해 그 주식이 가진 본질적인 가치를 산출해 시장에서 거래되고 있는 실제 주가와 비교해 살 것인지 아니면 팔 것인지를 판단하는 분석 방법입니다.

기술적 분석은 재무제표 등보다 주가와 거래량의 과거 흐름을 분석해 주가를 예측합니다. 다른 것을 배제하고 주가 자체나 거래 활동 등을 도표화해 그것에서 과거의 일정한 패턴이나 추세를 찾아내고 이 패턴을 이용하여 주가 변동을 예측하고자 하는 것입니다.

특히 주식시장 전체나 파생상품시장, 원유, 금, 곡물 등이 거래되는 상품시장, 한 나라의 가치를 나타내는 환율시장(원/달러환율 등)은 재무제표 같은 본질적인 가치를 찾기 어렵습니다. 이럴 때는 차트 분석이 꼭 필요합니다. 예를 들어 어떤 지수가 5% 또는 10%를 변동했을 때 매수 또는 매도한다든가 20% 변동했을 때 전체 비중을 축소 또는 늘린다는 전략도 기술적 분석 중 하나의 전략입니다.

주가는 수요와 공급에 의해 가격이 결정되는데 매일매일 거래된 가격을 시계열로 그려 넣은 것이 차트입니다. 차트 안에는 그 당시 펀더멘털과 투자 심리, 미래에 대한 전망 등이 담겨 있습니다. 펀더멘털 분석을 통해 주가가 저렴하다는 결론을 냈다고 하더라도 오늘의 주가보다 내일의 주가가 더 싸게 거래된다면 굳이 오늘 주식을 살 필요가 없겠지요. 하루 더 기다렸다가 다음 날 사는 것이 저렴할 수 있습니다. 이러한 것을 분석하는 것이 차트 분석입니다.

따라서 기본적인 분석과 더불어 차트 분석을 함께 이용할 경우 창과 방패를 겸비한 좋은 투자 도구가 될 수 있습니다. 무엇보다 주식투자를 하는 많은 투자자가 차트를 이용해 사고파는 시점을 찾는다는 점. 이것이 나만 차트를 보지 않아서는 안 되는 이유가 되겠죠?

04 꼭 봐야 할 차트는 무엇인가

#성향과 투자 기간에 따라 중점 차트 선택 #월간이 상승세이고 주간, 일간 모두 강세인 종목 찾기 #파생상품 투자에서는 분, 초 단위 차트도 활용

차트는 기간에 따라 일 차트, 주 차트, 월 차트가 있습니다. 초단기로 매매하는 사람들은 초 단위로 보는 차트도 있습니다. 수많은 차트 중에서 어떤 차트가 신뢰가 높은지, 어떤 차트만 보면 되는지 많은 투자자가 궁금해합니다.

차트를 보는 포인트

일단 차트를 볼 때도 투자 기간이 중요합니다. 투자자의 인내심과 투자자금의 성격 등에 따라 주식 보유 기간이 1주일일 수 있고

2~3개월일 수도 있습니다. 더 나아가 여유자금일 경우 주식보유 기간이 더 길어질 수도 있습니다.

투자자의 성향이 단기, 중기, 장기 중 어떤 쪽에 가까운지를 먼저 알아야 합니다. 좋은 수익률을 내기 위해서는 오늘 오르고 내일도 오르는 주식을 매수해야 합니다. 즉 추세가 상승일 때 좋은 수익률을 얻을 수 있습니다.

차트도 일간, 주간, 월간 차트로 구분할 수 있으나 1개월 단위인 월간 차트가 상승세를 보이면서 주간과 일간 모두 강세를 보일 때가 가장 좋은 수익률을 낼 수 있습니다.

반대로 월간, 주간 차트가 하락세인데 일간 차트가 반등한다면 이는 제한적인 수익 또는 향후 손실이 날 확률이 높아집니다. 왜냐하면 중기 내지는 대세가 하락세를 보인다는 것은 전체 추세가 내려가고 있다는 것을 의미하기 때문입니다.

참고로 증권회사에서 파생상품을 운용하는 직원의 경우 분 차트나 초 단위 차트를 통해 수익을 극대화하는 매매 전략을 취합니다. 파생상품은 레버리지가 크기 때문에 1이라는 자금을 넣고 2~5배수로 거래를 할 수 있기 때문입니다.

데드크로스, 골든크로스

신문 기사에 등장하거나 주식을 거래하는 동안의 알림 메시지에 많이 등장하는 용어입니다. 이동평균선이 정배열, 역배열되면 나오는 것인데, 차트 분석에 있어 가장 기본적인 것이 이동평균선 분석입니다. 차트 분석을 믿지 않더라도 이동평균선, 줄여서 이평선은 꼭 알아야 합니다.

이동평균선 분석방법은 미국의 기술적 분석가인 조셉 E. 그랜빌Joseph E. Granville이 거래량이 주가에 선행한다는 가정하에 OBVOn-Balance volume 지표를 만들어낸 후 이동평균선 등과 함께 사용하면서

널리 알려진 분석 방법입니다.

이동평균선은 일정 기간의 자료를 순차적으로 평균한 것으로 1주일, 1개월, 3개월, 6개월, 1년의 기간을 일간으로 구해 1주일: 5일 이동평균선, 1개월: 20일 이동평균선, 3개월: 60일 이동평균선, 6개월: 120일 이동평균선 등을 이용합니다. 다만 1년은 240일 이동평균선보다는 200일 이동평균선을 일반적으로 많이 사용합니다. 여기서 5일, 10일 등은 단기 이동평균선이라 하고 20일과 60일은 중기 이동평균선 그리고 120일과 200일을 장기 이동평균선이라고 합니다.

이동평균선을 이용하여 얻을 수 있는 정보는 방향성, 배열도, 지지와 저항, 크로스 분석 등이 있습니다. 이동평균선의 방향이 위쪽 또는 아래쪽을 향하고 있을 때 전체 추세의 방향성을 예측할 수 있으며, 단기 중기 장기 이동평균선이 같은 방향을 가리키거나 반대로 혼잡한 모양을 하고 있을 때의 투자판단이 달라집니다.

흔히 이동평균선은 지지선과 저항선 역할을 한다고 믿는 경향이 있는데 이를 이용하여 수익을 극대화 또는 손실을 최소화할 수 있습니다. 예를 들어 주가가 20일 이동평균선 위에 있을 때만 매수하여 보유하고 반대로 주가가 20일선 아래로 내려오면 매도한다는 전략을 세울 수도 있습니다. 더 나아가 단기, 중기 이동평균선 간에 교차하는 날짜와 시간 등을 따져봄으로써 매수한 후 언제 팔아야 하는지 등도 알 수 있습니다.

중기 관점에서 3~6개월 단위로 종목을 바꾼다고 가정한다면 60일선과 120일선을 이용하여 60일선(120일선) 위에서 매수하고 반대로 아래에서는 관망(매수와 매도를 하지 않고 추이를 지켜보는 상태)하는 전략을 취할 수 있습니다.

개별 종목이 추세적으로 상승하기 위해서는 최소 20일 이동평균선(1개월 평균 가격) 이상으로 주가가 올라와 있어야 하기 때문에 20일 이동평균선을 중시하기도 합니다. 참고로 증권가에서는 5일 이동평균선을 '심리선'이라고도 하며 20일 이동평균선을 '생명선' 그리고 60일 이동평균선을 '수급선', 120일 이동평균선을 '경기선'이라는 별칭을 사용하기도 합니다.

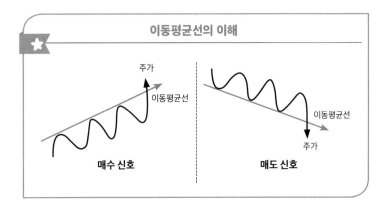

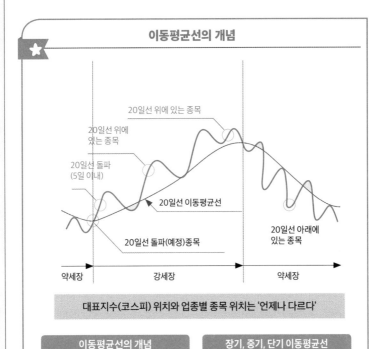

이동평균선의 개념

20일선 위에 있는 종목

20일선 위에 있는 종목

20일선 돌파 (5일 이내)

20일선 이동평균선

20일선 돌파(예정)종목

20일선 아래에 있는 종목

약세장 ── 강세장 ── 약세장

대표지수(코스피) 위치와 업종별 종목 위치는 '언제나 다르다'

이동평균선의 개념	장기, 중기, 단기 이동평균선
주가이동평균(moving aver-age)은 일일변동과 같은 조작이 가능한 비정상적인 변동의 영향을 최대한 줄여서 전체주가의 흐름을 객관적으로 간찰할 수 있도록 평균화하여 도프 상에 옮겨놓은 것을 말함	장기, 중기, 단기 추세를 나타내는 이동 평균선 ① 단기추세: 5일선, 10일선 ② 중기추세: 20일선, 60일선 ③ 장기추세: 120일선, 200일선

① 강세장에서는 주가가 이동평균선 위에서 파동운동을 계속하면서 상승한다.(❷)
② 약세장에서는 중가가 이동평균선 아래에서 파동운동을 계속하면서 하락한다.(❻)
③ 주가가 상승하고 있는 이동평균선을 하향 돌파할 때는 조만간 반전하여 하락할 가능성이 크다.(❺)
④ 추가가 하락하고 있는 이동 평균선을 상향 돌파할 때는 조만간 반전하여 상승할 가능성이 크다.(❹,❽)
⑤ 이동평균의 기준기간time span 이 길면 길수록 이동평균선은 더욱 유연해진다.
⑥ 주가가 이동평균선으로부터 너무 멀리 떨어져 있을 때는 이동평균선으로 가까워지려는 현상, 즉 희귀변화가 일어난다(보조지표인 이격도로 판단).
⑦ 주가가 이동 평균선을 돌파한 때는 매입매도 신호이다.(❶,❺)
⑧ 주가가 장기이동평균선을 돌파할 때는 주추세의 반전을 기대할 수 있다.(❶,❹,❽)

이동평균선의 성질

—— 장기(120일) ---- 중기(20일) —— 단기(5일)

상승전환 패턴 ❶ **정배열(상승)** ❷ **하락전환 패턴** ❸ **상승전환 패턴** ❹

본격적인 하락전환 ❺ **역배열(하락)** ❻ **역배열(기간 조정)** ❼ **상승전환 초기** ❽

추세 변화 감지하기

#이동평균선과 패턴으로 추세 분석 #이동평균선 이하로 내려갈 때 주의 #이중 천장형, 삼중 천장형 패턴 파악

차트 분석의 기본 전제는 '주가는 상당 기간 일정한 추세를 유지하는 경향이 있다'입니다. 그런데 이 추세를 벗어나면 차트 분석의 의미가 없어지겠죠.

이동평균선과 패턴 분석

추세를 분석하는 대표적인 분석 방법은 이동평균선 분석 방법과 패턴 분석입니다. 이동평균선 분석으로 중장기 추세가 유지되기 위해서는 주가가 20일 이동평균선(1개월 평균값) 위에 위치해 있어야 합니다. 그런데 글로벌 경기둔화 우려로 모든 주가가 펀더멘털과는 무관하게 하락한다고 해봅시다. 이러면 제일 먼저 1개월 평균 가격인 20일 이동평균선을 밑돌기 시작합니다. 중단기로 주식을 보유하는 투자자의 경우에는 추세가 바뀌는 신호를 지지선 역할을 하는 이동평균선을 깨고 내려가는지 여부로 판단할 수 있습니다.

패턴 분석으로 추세가 바뀌는지 여부를 확인하는 방법으로 이중 천장형(M자형 모형) 패턴과 삼중 천장형Head & Shoulder's 패턴이 만들어지는지를 살펴보는 것이 있습니다. 상승 추세가 유지되기 위해서는 시간이 지날수록 이전 고점보다 현재의 고점이 높아집니다. 그러나 시간이 지날수록 저점이 낮아진다면 이는 상승 추세에서 하락 추세로 전환되는 전형적인 모양입니다.

추세 반전 여부를 판단할 때 장기 추세의 경우 지금까지 진행됐던 방향에서 반대로 20% 이상 움직였을 때로 판단하는 방법과 중기추세는 10%로 보고 판단하는 방법 등도 함께 이용할 수 있습니다. 참고로 지수나 종목 움직임이 20% 이내에서 변동을 보인다면 이는 기존 추세가 유지되고 있다는 의미입니다.

신고가에 대응하기

#추세를 뚫는 신고가, 신저가 #지지와 저항을 이해해야
#저항선이 돌파되면 적극 매수와 매도 연기

'52주 신고가', '52주 신저가' 경제신문 등에서 자주 볼 수 있는 단어입니다.

1년이 52주이니, 최근 1년 동안 가장 높은 주가, 가장 낮은 주가를 기록했다는 의미입니다. 보통 52주 신고가나 신저가가 나올 때 추세를 뚫었다고 표현합니다.

지지선과 저항선이란

　사실 추세 분석에서는 지지선과 저항선이라는 개념을 명확히 이해해야 합니다. 지지선이라는 것은 이동평균선과 같이 이 정도 수준이면 주가 하락이 멈추어야 한다고 생각하는 가격 수준을 말하며 매도에 대응하는 매수 세력의 힘이 강하게 작용하는 가격입니다.

　반대로 저항선은 시장 참여자들이 주식을 팔고 떠나고 싶어 하는 가격이라고 볼 수 있습니다. 그런데 이러한 저항선이 돌파되어 상승세가 이어진다면 크게 두 가지 요인이 있다고 볼 수 있습니다. 하나는 동일 업종이 강세를 보이면서 동반 강세를 보이는 경우와 개별 종목의 이슈로 인해 주가가 급등하는 경우입니다.

　어느 쪽이든지 간에 차트 분석에서는 저항선이 돌파될 경우 이전 추세가 가속화된다고 판단하여 적극적으로 매수하는 전략 또는 이미 보유하고 있는 종목의 경우에는 매도를 늦추는 전략을 많이 권합니다. 주식투자를 할 때 HTS를 통해 실시간 52주 신고가, 신저가, 연중 최고가, 최저가 등도 확인할 수 있으니 잘 참고하시기 바랍니다.

저항선과 지지선

지지는 어떤 기간에 있어서 주가 하락 추세를 멈추는 데 충분한 매입과 매입하고자 하는 세력을 말합니다. 그리고 이러한 현상을 선으로 연결해놓은 것을 지지선이라 합니다.

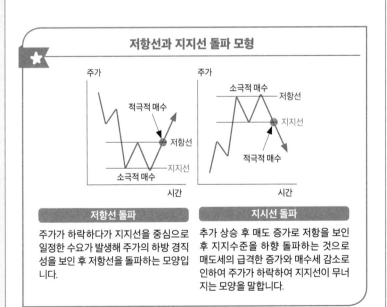

저항선과 지지선 돌파 모형

저항선 돌파

주가가 하락하다가 지지선을 중심으로 일정한 수요가 발생해 주가의 하방 경직성을 보인 후 저항선을 돌파하는 모양입니다.

지시선 돌파

추가 상승 후 매도 증가로 저항을 보인 후 지지수준을 하향 돌파하는 것으로 매도세의 급격한 증가와 매수세 감소로 인하여 주가가 하락하여 지지선이 무너지는 모양을 말합니다.

저항은 어느 일정한 기간의 매입 세력에 대항하는 매도 세력입니다. 이렇게 상승 저항을 받고 있는 고점들을 선으로 이은 것이 저항선입니다.

저항권과 지지권

저항선과 지지선 안에서 주가가 움직이다가 지지선을 하향 돌파하는 경우 이 범위를 저항권이라 합니다.

지지권이란 일정한 저항선 범위와 지지선에서 주가 운동을 보이면서 큰 흐름이 하방 경직성을 갖는 것을 말합니다.

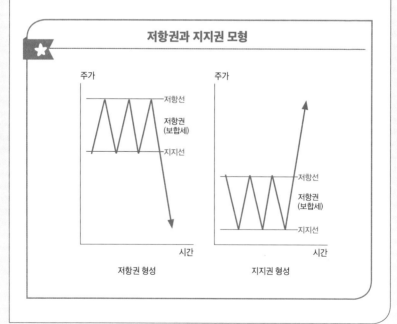

저항권과 지지권 모형

저항권과 지지권 돌파 모형의 예(KOSPI)

08
패닉장에 대처하는 법

#심리의 영향을 크게 받는 주식시장 #심리 요인에 따라 변동성이 커짐 #내재 변동성을 수치화한 VIX 지수

주식시장에는 펀더멘털, 기술적 분석 외에도 시장 참가자들의 심리가 매우 중요한 요소가 됩니다. 좋은 기업이고 더 올라갈 주가이며 차트상으로도 상승 패턴이라고 머리로 아무리 외쳐도 마음이 흔들리기 시작하면 좋은 주식을 내다 팔게 됩니다. 결국 매수나 매도 버튼을 누르는 것은 머리가 아닌 가슴이기 때문입니다.

최근 주식시장은 심리적인 요인이 더 커지고 있습니다. 봐야 할 뉴스나 변수들은 밤낮을 가리지 않고 전 세계에서 터지는 데다, 글로벌 금융위기 등 먼 나라 얘기가 내가 가진 주식의 추세를 바꿔버리기도 합니다. 변동성이 커지면 투자자들이 느끼는 심리 강도는 더 커집니다.

변동성이 커진다는 의미는 주식 본연의 가치보다는 외부적인 환경에 변화에 따른 심리 요인이 크다는 것입니다. 예를 들어 미국에서 기준금리를 올린다고 하거나 중국 경제성장률 둔화가 예상되어 위안화를 절하하면 주식시장의 변동성이 커집니다.

이전 가격 움직임이 1주일에 5%였는데 이번 주 들어 10~20%씩 움직인다면 이는 상승 변동성이 커졌다는 것을 의미합니다. 반대로 추세가 반전될 때도 변동성이 커집니다.

기술적 분석을 이용한 방법들

기술적 분석에서는 변동성 분석을 위해 내재 변동성과 역사적 변동성을 분석하는데, 이른바 공포 지수라 불리는 VIX 지수Volatility Index는 내재 변동성을 수치화한 것입니다. 예를 들어 VIX가 20%라고 한다면 한 달간 주가가 20%의 등락을 거듭할 것으로 보는 투자자가 많다는 것을 의미합니다.

변동성이 커지는 장에서 쓸 수 있는 기술적 분석을 이용한 방법들이 있습니다. 20일 또는 60일 이동평균선을 하향 이탈하면 일정 수준 보유 물량을 축소하는 것이 대표적입니다. 그리고 변동성 지수의 '5% 룰' 또는 '10% 룰'을 적용하여 이 수준을 벗어날 경우 보유 물량을 축소하거나 늘리는 투자 방법도 생각해볼 수 있습니다.

09 가치투자에도 유용한 차트

#차트로 매매 타이밍 잡기 #차트로 기본적 분석 보완
#국가 경제성장률 하락 상황에 주의

차트 무용론을 주장하는 투자자들 사이에는 가치투자자들이 많습니다. 주가는 결국 회사의 가치를 반영하게 돼 있으므로 좋은 기업의 주식을 오랜 기간 보유하면 된다는 가치투자자 중 일부는 저평가 영역인 과거 궤적은 달라질 미래를 볼 때 필요 없다고 얘기하기도 합니다.

그러나 기본적인 분석을 중심으로 투자하는 장기투자자라 할지라도 기술적 분석을 무시한다면 언제 이익을 실현하고 언제 매수할지 매매 타이밍을 잡기 어렵습니다.

차트는 상호보완적 관계

펀더멘털을 분석하는 기본적인 분석으로 주식을 매수한 후 장기 보유한다고 가정했을 때 기업의 주가에 영향을 주는 매출액, 영업이익, 배당 성향, 성장성과 관련된 재무제표 등은 3개월(분기)에 한 차례, 그것도 지난 것을 발표합니다. 기업의 오너도 기업의 성장성과 영업이익이 계속 증가할지를 판단하기 어렵습니다. 1년 이상 장기 투자를 한다고 했을 때 전체 시장이 하락세를 보인다면 기업의 주가도 동반 하락하게 됩니다.

지금까지 기본적인 분석에 중심을 두는 장기투자는 미국 등 지속적으로 기업이 성장하는 국가에서는 올바른 투자 방법이었습니다. 반대로 경제성장률이 하락하고 있는 국가에서 개별 기업에 장기투자했을 때 좋은 성과를 내지는 못했습니다. 전체 성장률이 하락하면서 기업의 경쟁력도 하락하기 때문입니다.

앞서 얘기했던 차트 분석은 기본적 분석과 함께 활용해야 할 투자 도구입니다.

10 시스템 트레이딩

#특정 상황에서 자동으로 거래 #승률, 수익률, 기간의
조화 #초단기 매매에 적합

최근에 수많은 차트들이 개발되고 있습니다. 새로 개발된 차트를 이용해 그 결과를 바탕으로 컴퓨터로 자동 프로그램을 만들어 매매하는 방법들도 생겨나고 있습니다. 유명한 전업투자자 중에는 자기만의 자동 프로그램으로 큰돈을 버는 사람도 있습니다. 세팅만 해놓으면 돈은 알아서 벌린다고 광고해, 그냥 가르쳐만 달라고 문하생들이 줄을 섰다는 얘기도 나왔습니다.

실제 컴퓨터 프로그래밍으로 매수나 매도 신호를 발생하게 하는 시스템 트레이딩 기법은 수천 가지 이상이 있습니다. 예를 들어 이동평균선을 이용해 20일 이동평균선을 상향 돌파할 때 매수하고 하향 돌파할 때 매도하는 시스템 트레이딩 기법을 사용한다고 가정하면 추세가 상승 또는 하락 추세일 때는 성과가 좋습니다. 그러나 지수나 종목이 20일 이동평균선 중심으로 박스권 등락을 보일 때는 매수와 매도 신호 발생이 너무 많아 거래 비용만으로 손실이 크게 날 수 있습니다.

승률·수익률·기간의 삼박자

시스템 트레이딩은 승률과 수익률 두 가지로 구분해야 합니다. 그리고 기간도 설정해야 합니다. 이론적으로 기간이 짧으면 짧을수록 거래 비용과 트레킹 에러(매수 또는 매도하고자 하는 가격에 체결이 안 되거나 그 이하 또는 이상으로 체결되어 비용이 증가하는 경우를 말함)가 발생하여 승률과 수익률이 하락하게 됩니다.

기간을 늘려 매매를 한다고 가정하더라도 오늘까지 최적화(시장 환경에 맞게 승률과 수익률을 맞게 보조 지표를 수정하는 작업)했지만 내일부터 지금의 보조 지표의 값이 최적의 상태에서 점차 확률과 수익률이 하락할 수 있기 때문에 계속 보조 지표 값을 맞추는 작업을 해야 합니다.

시스템 트레이딩을 이용한 매매는 매일매일 기본적인 분석을 할 수 없는 시장인 파생시장과 상품 및 외환시장 등에서 포지션을 가지고 넘어가지 않는 초단기 매매에 적합한 것으로 볼 수 있습니다.

CHAPTER 08

고수들의 중고급 주식투자법 엿보기

12월의 보너스, 배당

#주가 상승 외의 투자수익 #배당락 전날 주식 보유해야
#고배당 ETF도 관심

배당투자 애호가인 한 중견기업 임원의 예를 들어보겠습니다. 이 분은 기업은행 주식을 꽤 많이 가지고 있는데 연말이면 배당금으로 1,000만 원 정도를 받습니다. 그 돈은 매년 아내와 해외여행을 떠나는 자금으로 이용한다고 했습니다. 주가는 오르고 내릴 수도 있지만, 배당이 매년 들어오니 이 주식을 팔 생각이 없다고 말합니다.

배당은 보너스다

배당은 주식을 가지고 있는 투자자에게 주는 보너스와 같습니다. 주식에 투자하면서 얻게 되는 수익으로는 주식회사가 영업 실적에 따라 지급하는 배당과 주가가 상승함에 따라 얻게 되는 자본 이득 또는 시세차익이 있습니다. 지금까지는 대부분 주식의 투자수익률을 자본이득수익률이나 주가수익률로만 따졌지만, 점차 배당이 중요해지면서 배당수익률 역시 큰 부분을 차지하게 되었습니다.

주가가 1만 원인 주식을 사서 1년 후에 1만 2,000원에 팔았고, 중간에 배당을 500원 받았다면 주식의 투자수익률은 25%가 됩니다. 이 중 20%가 주가수익률이고 5%가 배당수익률입니다.

배당금은 12월 말 배당 권리가 없어지는 배당락 전날 주식을 가지고 있으면 받을 수 있습니다. 통상 오랜 기간 주식을 보유해야 배당 권리가 있다고 생각하지만, 배당락 전날 마감 기준으로 주주로 등록되면 배당 권리가 생깁니다. 배당락 전날 동시호가 때 주식을 사도 배당을 받을 수 있습니다.

배당락은 매년 마지막 거래일에 따라 달라지니 확인할 필요가 있습니다. 12월 말 기준으로 배당이 정해지지만, 실제 배당액을 주는 시점은 3월 주주총회에서 결정됩니다. 빠르면 3월, 늦어도 5월에는 들어옵니다. 단, 배당은 이자소득이어서 세금이 붙습니다.

지금 투자해도 5% 이상의 배당수익을 올릴 수 있는 종목도 많으니 찾아보시길 바랍니다. 또 삼성전자처럼 중간 배당에 이어 분기 배당을 추진하는 기업도 나오고 있습니다. 과거 배당액과 배당 성향은 사업보고서의 배당 부분을 찾아보면 됩니다. 배당 계획 역시 공시에 나오며, 정확한 배당 지금 날짜는 증권예탁원 홈페이지를 참조하면 됩니다.

배당투자는 갈수록 활성화

한국거래소는 2014년 배당투자 활성화를 목적으로 한 신배당지수 4가지와 그 구성 종목을 발표한 이후 배당 예측 지수 등을 발표하고 있습니다. 투자자 입장에서는 배당을 많이 하는 종목들을 한눈에 파악할 수 있게 됐습니다. 코스피 고배당지수는 50개 종목, 코스피와 코스닥종목으로 구성된 KRX 고배당지수 50개 종목이 대표적입니다. 또 현재는 배당이 많지 않지만, 미래에 배당을 늘릴 잠재력이 큰 종목들로 구성된 코스피 배당성장지수 50종목, 배당이 많은 우선주로 구성된 코스피 우선주지수 20개 종목 등도 살펴볼 만합니다. 이 지수들을 구성하는 종목과 비율은 매년 6월마다 정기 변경돼 아주 유용합니다.

그리고 개별 종목이 아니라 고배당주에 고루 투자하는 ETF도 상장되어 있습니다. 이 ETF 종목을 보유하면 여러 고배당주를 골고루 보유한 효과가 있습니다. 이러한 ETF로는 한화자산운용의 ARIRANG 고배당, 삼성자산운용의 KODEX 고배당, NH-Amundi자산운용의 HARARO 고배당, 미래에셋자산운용의 TIGER 고배당, KB자산운용의 KBSTAR 고배당 등이 있습니다.

배당락

주식회사는 일반적으로 한 사업연도가 끝나며 이익 중 일부를 배당으로 줍니다. 주주총회에서 배당을 결정하면 사업연도 말(12월 결산 기업이면 12월 말) 현재 시점의 주주는 배당을 받을 수 있는 권리가 있지만, 그다음 날 주식을 매수하는 사람은 배당을 받을 권리가 없어집니다.

주식매매거래는 계약이 체결된 날부터 3일째 되는 날에 결제가 이뤄지는 보통거래여서 결산일 직전 매매일에 주식을 매수한 경우에는 배당을 받을 수 없습니다. 그 직전 매매일까지 주식을 매수해야 배당을 받을 수 있습니다.

예를 들어 6월 결산 법인이라면 결산일인 6월 30일까지 주주가되기 위해서는 6월 28일까지 주식을 매수해야 합니다. 6월 29일에 매수한 경우에는 배당을 받을 권리가 없어지기 때문에 투자자들이이런 사실을 알 수 있도록 배당락 조치를 취합니다.

많은 기업이 채택하고 있는 12월 결산 법인의 경우 12월 28일을마지막 거래일이라고 한다면 배당기준일은 12월 28일입니다. 배당을 받기 위해서는 12월 26일까지 매수해야 하며 12월 27일에는 배당받을 권리가 떨어지는 배당락 조치를 취하게 됩니다.

단, 거래일 기준이어서 중간에 휴일이 끼어 있으면 포함되지 않습니다. 매년 배당기준일과 배당락일을 안내하고 있으니 잘 참고하시기 바랍니다.

> 생각을 키우는 Q
>
> 삼성전자의 배당기일과 배당락을 찾아봅시다.
>
> ----
>
> ----

시장 금리와 배당수익률

#높아지는 배당수익률 #배당과 금리의 역전 추세
#장기 국채금리보다 높아져

최근에는 배당투자의 중요성이 더 커지고 있습니다. 바로 저금리 때문입니다. 금융기관의 예·적금 금리가 1~2%대에 불과하고 앞으로 더 내려갈 수도 있는 상황입니다. 우리는 2,000만 원에 대한 1년 정기예금 이자가 이자소득세를 제외하면 35만 원 밖에 안 되는 시대에 살고 있습니다.

정부도 배당을 적극 유도

2020년 이전까지 한국의 배당수익률(배당주에 투자하면 얻을 수 있는 이자의 개념, 시가배당률과 같은 말입니다)은 평균 1%대에 머물렀습니다. 그러나 기업들이 배당을 늘리는 추세로 접어들면서 상황이 달라졌습니다. 2020년 코스피 평균 배당수익률은 2%대를 기록하고 있습니다. 특히 고배당주의 경우 5% 이상 받을 수 있어 웬만한 정기예금보다 좋습니다. 정부는 배당을 많이 하는 기업에 세금을 깎아주는 정책을 내놔 배당을 유도하고 있기도 합니다.

실제 일본이나 대만, 미국 등 주변국은 배당수익률이 금리보다 높아진 지 오래됐습니다. 한국의 배당수익률은 오랫동안 시중 은행금

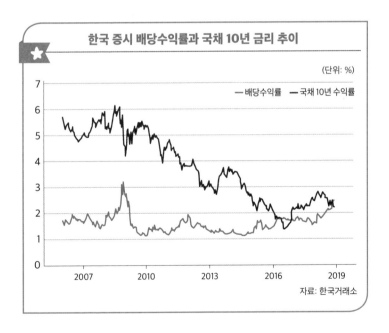

한국 증시 배당수익률과 국채 10년 금리 추이

(단위: %)

— 배당수익률　— 국채 10년 수익률

자료: 한국거래소

리를 웃돌지 못했지만, 금리의 급격하게 하락과 기업의 배당 증가가 맞물리면서 배당수익률이 금리를 앞지르는 현상이 실현된 전망입니다. 장기투자의 기대수익률의 기준으로 삼는 것이 국채 10년물 금리입니다. 이는 우리나라뿐만 아니라 대부분의 국가에서 마찬가지입니다. 이 10년물 금리가 1~2%대에 머물고 있음을 볼 때 배당수익률의 약진은 돋보입니다.

팬찮은 주식을 골라 시세차익을 추구하면서도 안전하게 매년 배당으로 정기예금을 이길 수 있는 배당투자에 대해서도 관심을 두는 게 바람직합니다.

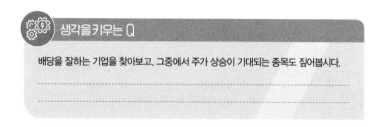

생각을 키우는 Q

배당을 잘하는 기업을 찾아보고, 그중에서 주가 상승이 기대되는 종목도 짚어봅시다.

스팩 투자

#기업 인수합병을 위한 페이퍼 컴퍼니 #스팩 공모 참여가 가장 유리 #합병 실패 시 연 2% 이자 지급

앞에서 스팩SPAC(기업인수목적회사)에 대해 다루었습니다. 형식만 갖춘 껍데기라고 했었습니다. 스팩은 비상장기업 인수합병을 목적으로 하는 페이퍼 컴퍼니를 말합니다. 페이퍼 컴퍼니라고 하면 불법이라고 생각하기 쉬운데, 스팩은 합법적입니다. 형태를 차지하고, 투자자 입장에서는 주식에 투자하는 꽤 유리한 상품입니다.

일단 목적대로 우량한 비상장회사를 찾아 합병하면 비상장회사에 투자해 주가 차익을 기대할 수 있습니다. 합병에 성공한 회사가 스팩을 통해 우회상장하고 비상장회사가 주식시장에서 가치를 높게 평가받기 시작하면, 비상장회사에 투자한 만큼 수익률을 올릴 수 있습니다. 2015년 콜마비앤에이치가 미래에셋증권의 2호 스팩과 합병

했는데, 2호 스팩에 초기부터 투자한 사람은 주당 5,000원의 투자금액이 주당 6만 원이 되는 초대박을 터뜨렸습니다. '애니팡'으로 유명한 선데이토즈 역시 스팩으로 상장해 투자자들에게 높은 수익률을 올려줬던 상품입니다. 2020년 6월에는 한국 증시에 스팩이 도입된 지 10년이 되었습니다. 그동안의 성과를 정리하자면 코스닥시장에 180개의 스팩이 상장되었습니다. 같은 기간 코스닥 상장 690건의 26.1%에 이릅니다. 2020년 5월까지 합병에 성공한 스팩은 총 85개입니다. 이 스팩들은 상장 승인일 3개월 후 주가가 공모가 대비 평균 45.6% 상승했습니다.

스팩에 투자하는 3가지 방법

스팩에 투자하는 방법은 3가지입니다. 스팩 공모에 참여해서 공모가에 받는 방법입니다. 가장 싼 가격에 스팩을 매입할 수 있지만, 최근 스팩 공모 경쟁률이 최소 100 대 1에 달할 정도로 충분한 물량을 확보하기 쉽지 않습니다.

스팩 상장 후 일정 가격대 이하일 때 매입하는 방법이 있습니다. 상장 후라 물량 확보에는 쉽지만 스팩 매입 가격에 대한 고민이 필요합니다. 비싸게 샀다가 3년 내 합병에 실패해 스팩이 청산해버리면 손해를 볼 수도 있습니다.

합병 승인 후에 스팩을 사는 방법이 있는데, 이는 합병이 되는 회사의 가치에 따라 큰 수익이나 손실이 날 수도 있습니다.

만약 스팩이 3년 안에 비상장 우량기업 합병에 실패하면 원금의 연 2%에 가까운 이자를 얹어서 투자자들에게 돌려줍니다. 최근 저금리시대에 실패해도 연 2%에 가까운 이자 때문에 주목을 받고 있습니다.

스팩에 투자해서 실패하더라도 최소한 은행예금 금리 정도의 이익을 얻을 수 있습니다.

> **생각을 키우는 Q**
>
> 네이버 금융(finance.naver.com)에서 '스팩'을 검색해서 어떤 종목들이 있는지 살펴봅시다.

04 주식 현물거래와 선물거래

#레버리지 실현 #고위험 고수익
#위험 회피 수단으로 이용

물건을 살 때 사는 사람을 돈을 주고 파는 사람을 물건을 줍니다. 대금과 물건이 즉시 교환되는 게 보통입니다. 가끔 외상거래를 하지만 이때도 그 당시에 대금을 지급한 것과 똑같은 방식입니다. 즉, 물건을 파는 사람이 물건을 사는 사람에게 대금을 꾸어주는 식이며 대금과 물건은 즉시 교환됩니다. 우리가 일상생활해서 하는 이런 거래를 현물거래라고 합니다.

선물거래는 오늘 물건을 사고팔기로 약속만 하고, 대금과 물건 교환은 나중에 하는 것을 말합니다. 약속하는 시점에는 매매가격과 수량을 정해놓기만 하고 실제 미래에 대금과 물건을 교환합니다. 단, 교환하기로 한 날짜인 결제일에 물건의 시장가격과는 상관없이 당초에 약속한 가격으로 대금을 지불하고 물건을 받습니다.

예를 들어 A씨가 선물시장에서 오늘 삼성전자 주식 200주를 30일 후에 주당 10만 원에 사겠다는 계약을 B씨와 체결하고, 30일 후에 B씨에게서 삼성전자 주식 20주를 받고 매수대금 2,000만 원(10만 원×200주)을 B씨에게 줍니다. 그 날짜의 삼성전자 주식 가격이 얼마이든 상관이 없이 30일 전에 한 약속에 따릅니다.

선물거래를 하는 이유

그렇다면 왜 선물거래를 할까요?

주식시장에서 선물거래는 실제 거래대금의 10~15%에 해당하는 증거금만 있으면 투자 효과를 극대화할 수 있는 레버리지 효과를 볼 수 있습니다. 레버리지란 지렛대를 의미하는 레버lever에서 파생된 말로, 우리가 많이 들어본 지렛대의 원리를 가지고 있습니다. 막대를 이용해 작은 힘으로 큰 힘을 낼 수 있는 것을 말합니다.

주식 현물거래와 선물거래의 차이를 보면 쉽게 알 수 있습니다. 현물거래에서는 1주당 10만 원 하는 주식 20주를 사려면 원금의 10만 원×20주인 200만 원을 지불해야 합니다. 그러나 주식 20주를 매수하는 선물거래는 결제일 이전에는 증거금만 내면 되는데, 증거금이 10%라면 20만 원으로 선물계약을 체결할 수 있습니다.

나중에 주가가 10만 원에서 15만 원으로 오르면 현물거래자는 200만 원을 투자해 100만 원의 이익을 얻을 수 있는 반면 선물거래자는 20만 원을 투자해 100만 원의 이익을 얻게 됩니다. 이와 반대로 주가가 5만 원으로 떨어지면 현물거래자는 200만 원을 투자해 100만 원의 손실을 보고, 선물거래자는 20만 원을 투자해 100만 원의 손실을 입게 됩니다. 즉 선물거래는 높은 수익률을 올릴 수 있지만, 위험도 높습니다.

예를 든 5만 원 하락할 때처럼 원금보다 손실이 많이 나면 실제 결제일에 지불을 못하게 되는 결제 불이행 위험에 직면하게 됩니다. 그래서 증거금 제도를 시행하고 있습니다.

위험 헤지 수단으로도 활용

선물거래는 투기적인 목적도 있지만 위험을 회피하는 헤지를 위해 많이 이용됩니다. 투자자 A씨가 주당 8만 원 하는 삼성전자 주식 1만 주, 즉 8억 원 상당의 주식을 가지고 있는데, 주가 하락이 걱정된다고 가정해봅니다. 이럴 경우 A씨는 선물시장에서 삼성전자 주식선물 1,000계약(우리나라의 경우 선물 1계약은 주식 10주를 거래단위로 함)을 매도하면 주가 변동에 따른 위험을 피할 수 있습니다. 결제일에 주가가 80만 원에서 60만 원으로 하락하면, 보유 주식 가치가 8억 원에서 6억 원으로 2억 원의 손실이 나지만, 80만 원에서 매도한 주식선물을 60만 원에 되사는 반대거래를 통해 2억 원의 이익을 볼 수 있습니다. 이런 방식으로 위험 관리를 할 수 있는 것입니다.

삼성전자 주식 외에도 밀, 옥수수 등과 같은 농산물, 소, 돼지와 같은 축산물, 구리, 알루미늄과 같은 비철금속, 원유, 휘발유와 같은 에너지, 금, 은과 같은 귀금속 등의 상품선물 거래가 가능합니다. 미국 달러, 영국 파운드와 같은 통화선물, 국채와 같은 금리선물, 코스피 200, S&P500과 같은 주가지수 선물 등 금융선물도 있습니다.

생각을 키우는 Q

선물투자를 하려면 사전 절차가 필요합니다. HTS에서 교육과정과 기본예치금을 알아봅시다.

05 옵션거래란?

모든 거래에서 모든 사람은 싸게 사서 비싸게 팔고 싶습니다. 그래서 명품을 살 때도 해외 직구를 하기도 합니다. 우리는 어떻게 하면 싸게 사고 어떻게 하면 비싸게 팔 수 있을지를 고민하지만, 뜻대로 되지 않는 것이 문제입니다. 하우스푸어가 집을 헐값에 내놓듯 어떨 때는 비싸게 사고 싸게 팔아야 하기도 합니다.

이런 상황을 피하기 위해 물건을 특정 가격에 살 수 있는 권리 혹은 특정 가격에 팔 수 있는 권리를 미리 확보하고 거래할 수 있으면 좋지 않을까 생각하게 됩니다. 여기서 출발한 것이 옵션거래입니다.

콜옵션과 풋옵션

옵션이란 특정일에 거래 물건을 사전에 약속한 가격으로 사거나 팔 수 있는 권리를 말합니다. 여기서 살 수 있는 권리가 콜옵션, 팔 수 있는 권리는 풋옵션입니다.

옵션을 조금 쉽게 이해하기 위해 아파트 분양권의 예를 들어보겠습니다. 아파트 분양권은 살 권리를 가지는 일종의 콜옵션입니다. 분양권은 아파트의 미래 만기일, 입주일에 입주할 수 있는 권리입니다. 분양가 2억 원인 아파트 분양권을 500만 원 지불하고 구입한 사람은 입주 시점에 아파트 가격 시세가 3억 원이 되더라도 사전에 약정한 2억 원에 아파트를 구매할 수 있기 때문에 가격 상승에 따른 9,500만 원의 이익을 얻을 수 있습니다.

선물거래는 특정 자산 자체가 거래 대상인 반면 옵션거래는 특정 자산을 사거나 팔 수 있는 권리가 거래 대상입니다. 선물은 사거나 파는 사람이 결제일에 현물가격과 관계없이 사거나 파는 거래를 해야 하지만, 옵션은 현물가격에 따라 옵션을 행사할 권리를 가질 뿐 의무는 없습니다.

가장 기본적인 옵션 거래로는 주가가 상승하리라고 예상하는 경우에 하는 콜옵션 매수가 있습니다. 삼성전자 주식이 10만 원에 거래되고 있을 때 투자자 A씨가 행사 가격 10만 원인 콜옵션 1계약을 프리미엄 5,000원을 지불하고 매수한 경우를 살펴봅시다. 옵션 만료일에 주가가 10만 원 이상인 경우 이 콜옵션을 행사하게 되는데, 만약 11만 원이 됐다면 권리를 행사해 11만 원짜리 주식을 10만 원에 살 수 있습니다. A씨는 콜옵션 1계약당 1만 원의 이익을 얻게 되는데, 옵션매수 비용 5,000원을 차감한 5,000원이 순이익이 됩니다. 만약 주가가 10만 원 이하가 되면 이 옵션 권리를 포기해야 하기 때문에 옵션 매수대금으로 지불한 5,000원의 손실을 보게 됩니다.

이 외에도 주가가 상승할 가능성이 적다고 확신하는 경우에는 콜옵션 매도, 주가가 하락할 것으로 예상하는 경우에는 풋옵션 매수, 주가가 하락할 가능성이 적다고 확신하는 경우에는 풋옵션 매도를 하면 됩니다.

옵션 하면 뭐니 뭐니 해도 2001년 9·11테러 때를 빼놓을 수 없습니다. 9·11 사건 전에 코스피200 풋옵션을 보유한 사람이 하루 만에 5만 400%의 수익률을 기록한 것입니다. 인생을 바꿀 만한 수익률이죠?

최근에는 커버드콜, 방어적 풋 등의 복잡한 옵션도 생겨나고 있습니다.

금에 투자하는 다양한 방법

#골드바 #금선물
#KRX 금시장

금으로 하는 재테크, 예전에는 낯설었지만 요즘은 투자자 사이에서 매우 익숙해졌습니다. 우리는 금값이 확 올랐다는 이야기를 들으면 집에 보관하고 있던 금 장신구 등을 팔기도 합니다. 이것도 금 재테크의 한 방법이라 할 수 있습니다. 골드바 투자가 이와 비슷한 투자 방법입니다. 그런데 금을 살 때 10%의 부가가치세를 내야 합니다. 이런 이유로 골드바는 다만 장기적인 투자를 목적으로 해야지 단기적으로 높은 이익을 내기는 어렵습니다. 100g짜리 골드바가 700만 원을 넘는다니 아무나 할 수 있는 재테크도 아닙니다.

금과 연관된 펀드에 투자

금에 투자하는 다른 방법으로 금통장이나 금펀드가 있습니다. 돈을 통장에 저금하듯 구입한 금을 통장에 넣고, 금과 연관된 주식을 구매하는 펀드에 투자하는 것입니다. 통장이기 때문에 저금한 금의 양도 한눈에 볼 수 있고, 통장을 쉽게 휴대하며 은행에 보관해 위험도도 낮습니다. 돈을 입금하면 달러로 환전되고, 그 달러만큼 금을 사게 되는 것입니다. 이 경우 환율과 금값을 잘 보면 되겠네요. 펀드는 적은 금액으로도 주식에 투자할 수 있습니다.

이보다 더 간단하고 고수익을 올릴 수 있는 게 바로 금선물입니다. 앞서 주식선물을 얘기했으니, 선물에 대한 개념은 아실 거라 믿습니다. 우리나라 거래소에는 1999년 4월에 상장된 금선물(표준금선물)과 2010년 9월에 상장한 미니금선물, 2가지가 있습니다.

금선물은 미래의 만기일에 인수할 금을 현재 선물시장을 통해 매매하는데, 실물을 주고받는 반면 미니금선물은 현금으로 결제합니다. 현재의 거래 시점에 예측한 금가격과 만기일에 실제로 형성된 금가격과의 차액만 받습니다.

선물의 레버리지와 마찬가지로, 골드바 100g을 실제로 사는 데 700만 원 이상이 들었다면 미니금선물 1계약(금현물 100g과 동일)을 매수하는 데는 700만 원의 9%, 63만 원만 필요합니다. 나머지 금액 637만 원가량을 MMF와 같은 기타 상품에 투자해 추가 수익을 올릴 수 있습니다. 또 금현물을 구입하는 경우에는 10%의 부가가치세를 내야 하지만, 금선물은 비과세 혜택이 있습니다.

금선물에 투자하는 ETF도 있습니다. KODEX 골드선물(H)와 TIGER 골드선물(H)이 대표적입니다. 두 ETF 모두 금 현물이 아닌 선물에 투자합니다. 금통장이나 금펀드, 금ETF는 적은 금액으로 투자자들이 쉽게 금 투자를 할 수 있지만, 매매 수수료가 높아 금선물 투자에 비해 투자비용이 높다는 단점이 있습니다.

KRX 금시장이 개장되어 금투자가 더욱 편리하게 되었습니다. 주식을 사고파는 것과 똑같은 방식으로 공공기관(조폐공사) 인증을 받은 금현물을 1g 단위로 거래할 수 있습니다. 주식처럼 거래 수수료가 붙긴 하지만, 부가가치세가 없고 매매 차익에 대한 세금이 없으므로 효과적인 방식입니다.

ETF 투자

#종목이 아닌 지수에 투자 #편리한 거래, 낮은 비용
#장기투자에 적합

ETF는 개별 종목이 아닌 특정 지수에 투자하는 방식입니다. 예를 들어 코스피200, 삼성그룹, 자동차업종처럼 여러 종목을 모아서 지수를 만들 수 있는데, 이러한 특정 지수의 움직임과 수익률이 연동되도록 설계된 펀드입니다. 그런데 금융기관에서 가입하는 게 아니라 주식거래소에 상장돼 주식처럼 실시간 거래되는 펀드라고 보면 됩니다. 특정 인덱스(지수)를 따르는 일종의 인덱스펀드의 일종입니다. 다만, 실시간으로 주식처럼 사고팔 수 있다는 점에서 시중 은행이나 증권사에서 파는 인덱스펀드와 다릅니다.

ETF 시장의 급성장

한국 ETF 시장 규모는 급성장세입니다. 2020년 12월 말 기준 ETF 순자산총액이 52조 원입니다. 2008년 3조 4,000억 원과 비교하면 15배 이상 성장했습니다. 그만큼 투자자들의 뜨거운 관심이 쏠리고 있습니다.

ETF가 인기를 끄는 이유는 거래가 편리하고 수수료가 저렴하기 때문입니다. 주식형 펀드를 잘 골라 시장을 이길 수도 있지만, 10년간 잘하는 펀드를 찾기는 쉽지 않습니다. 이럴 때는 보수가 낮은 ETF를 장기 보유하는 게 유리합니다. 일반 펀드의 운용보수가 연 2~3%라면, ETF는 0.15~0.93%에 머뭅니다. 증권거래세가 면제되는 장점도 있어 비용 측면에서 유리합니다.

투자원금 1,000만 원을 기준으로 연평균 수익 8%를 가정해보니, 보수 수준에 따라 결과는 확 달랐습니다. 보수 수준이 연 0.23%라면 15년 뒤 1,000만 원이 2,700만 원 가까이로 불어난 반면 보수 수준이 연 3.00%인 경우는 1,000만 원이 1,900만 원에 머물렀습니다.

매년 내는 운용보수는 장기투자라면 무시할 수 없습니다. 낮은 거래비용에 주식투자와 비슷한 환금성을 가지는 ETF는 주식에 안정적으로 장기 투자할 수 있는 방법 중 하나입니다.

ELW는 주식워런트증권Equity Linked Warrant을 말합니다. 파생상품의 한 종류로 기초 자산, 만기, 콜, 풋이 있어 옵션과 비슷합니다. '개미들의 무덤'이라는 지적 때문에 많은 규제가 생겨나 요즘은 많이 축소됐지만, ELW가 한때는 적은 돈으로 주식투자 수익률을 극대화할 수 있는 수단으로 각광받기도 했습니다.

ELW는 주식과 옵션을 결합한 형태라고 보면 됩니다. 옵션이다 보니 보유자에게 미래 특정 시점에 사고팔 수 있는 권리를 줍니다.

고수익·고위험 상품

주가가 현재 10만 원인 A 종목이 있습니다. 김 씨는 이 회사 주가가 1년 뒤에 13만 원이 될 것이라고 보고 주식에 투자합니다. 실제 13만 원이 되면 1년 만에 주당 3만 원씩 수익을 올릴 수 있습니다. 이 경우 연간 수익률은 30%가 됩니다.

그런데 과연 A 종목이 13만 원이 될지는 알 수 없습니다. 만약 9만 원으로 떨어지면 1만 원의 손해를 봅니다. 옆집 이 씨는 이런 손실을 피하기 위해 A 주식 콜 ELW 만기 1년, 행사가격 11만 원짜리를 1,000원에 사들여 만기에 정산할 수 있는 권리를 얻었습니다. 1년 후 A주식이 13만 원이 되면, 이 씨는 11만 원에 살 수 있는 권리가 있었기 때문에 2만 원의 차액을 얻게 됩니다. 이 씨가 ELW에 투자한 돈은 1,000원이고 이를 제하면 1만 9,000원의 이익을 얻었습니다. 투자 수익률은 1,900%까지 치솟습니다.

만약 A주식이 10만 9,000원으로 떨어지면 그 권리를 행사하지 않으면 됩니다. 잃은 돈은 ELW를 사는 데 쓴 1,000원뿐입니다.

ELW는 이처럼 적은 돈으로 큰 수익을 노려볼 수 있는 상품입니다. 손실이 예상될 경우에는 권리 행사를 포기해 손실을 최소화할 수 있습니다. 그렇지만 고수익·고위험 상품이다 보니 사전 교육을 받아야 투자할 수 있으며, 기본 예치금도 요구하고 있습니다.

ELS 스텝다운과 녹인

#중수익 중위험 #정해진 구간 안에서 수익
#초보자는 지수형이 적합

1~2% 초저금리 시대에 연 6~8%의 수익률을 기대할 수 있는 ELS는 ELW처럼 위험하지 하지 않은 중위험·중수익 상품으로 인기를 끌었습니다. 2019년에는 100조 원 가까운 ELS가 발행되어 사상 최고를 기록했습니다. 2020년 ELS 발행액은 약 69조 원인데, 리스크 관리를 위한 정부의 ELS 규제와 주식 직접투자로의 쏠림 현상 등이 원인으로 분석됩니다.

ELS는 원금을 잃을 수 있지만, 조금의 위험을 감수하더라도 저금리 기조를 이겨보겠다는 투자자들이 선호합니다.

중위험·중수익 상품으로 인기

ELS는 만기가 있고, 만기까지 기존에 약속한 대로 주가가 움직이면 수익을 확정시키는 구조로 설계됩니다. 구간에 살고 구간에 죽는다고 얘기하는 상품이 ELS입니다. 정해진 구간 안에서만 움직여야 수익을 내는 상품이기 때문입니다.

가장 대표적인 것이 2스타-스텝다운 형태입니다. 2스타는 기초자산이 2개라는 의미이고, 스텝다운은 조기상환 기준점이 계단식으로 낮아진다고 해서 붙여졌습니다.

기초자산인 2개 종목이나 지수가 6개월마다 돌아오는 중간 평가일에 가입 당시 들었던 기준 주가 대비 얼마 이하로만 떨어지지 않으면 수익을 주는 게 가장 기본적인 형태입니다. 주가가 올라갈 것 같다거나, 떨어져도 이 이상은 떨어지지 않을 것 같은 경우를 가정한 상품입니다. 코스피200 같은 것이 기초자산이라면, 6개월 이후에 10% 이하로 떨어지지 않을 것이라고 판단할 경우 은행 예금보다 좋은 수익률을 거둘 수 있습니다.

그러나 녹인 공포라는 말도 들어봤을 것입니다. 그 떨어질 것 같지 않던 그 기준가격 아래로 내려가 버리는 경우입니다. 이럴 때 녹인knock in이 났다고 표현합니다. 주로 종목을 기초자산으로 하는 경우에 녹인이 발생해, 원금 손실이 나왔습니다.

요즘 ELS는 기초자산도 다양해지고, 스텝다운이 아닌 다양한 구조가 나옵니다. 상품 가입 전에 꼼꼼히 봐야 조기에 이익을 확정하고 손실을 줄일 수 있습니다. 초보자라면 종목 ELS보다는 지수형을

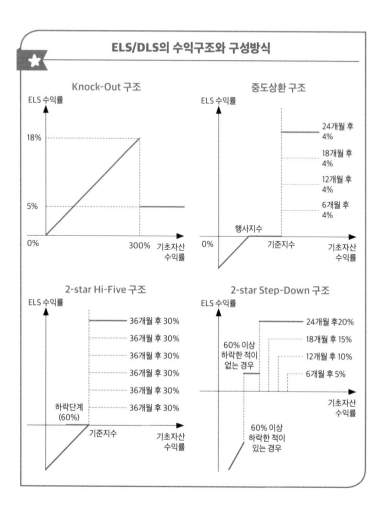

선택하는 게 좋습니다. ELB는 원금이 보장되는 ELS를 알기 쉽게 구분하기 위해 따로 만든 말입니다.

10

사모펀드

#폐쇄형 고액 투자 #문이 열림
#위험이 본질

2020년 우리나라 언론에는 '사모펀드'라는 단어가 자주 오르내렸습니다. 사모펀드의 부실과 부패로 손실을 본 사람이 늘었기 때문입니다. 사모펀드는 비공개로 소수 투자자에게 돈을 모아 운용하는 펀드입니다. 불특정 다수를 대상으로 하는 공모펀드와 구별됩니다. 그런데 이 사모펀드의 가입 요건이 간편해지고, 공모펀드가 사모펀드에 참여하는 등으로 제도가 변하면서 소액 투자자가 사모펀드로 손해를 보는 아이러니가 벌어졌습니다.

우리나라는 2000년대 이전에는 예금, 적금, 부동산이 대세였고, 2000년대에는 공모펀드가 붐을 이뤘습니다. 미래에셋10억만들기, 인디펜던스, 디스커버리, 인사이트펀드와 같이 누구에게나 열려 있는 공모펀드를 적립식으로 투자하는 게 대세였습니다.

가입에 제한이 있는 폐쇄형 펀드

2010년 이후 들어서는 부자들의 재테크 방법으로 사모펀드가 떠올랐습니다. 사모펀드는 아무나 가입할 수 없는 폐쇄형 펀드를 말합니다. 거액의 자산가나 기관투자자들이 참여합니다. 상장주식은 물론 비상장주식, 실물자산 등 투자 대상을 가리지 않습니다. 기업을 사고파는 바이아웃_{buyout}이나 펀드와 채권을 결합한 메자닌 형태까지 다양합니다.

사모펀드는 고수익·고위험을 추구하는 게 원칙입니다. 사모펀드로 큰 손실을 입는 건 어찌 보면 당연한 일입니다. 그래서 펀드 조성 당시부터 일부 자본가나 기관투자자 등의 소수에게만 투자기회를 줍니다. 한마디로 그들만의 리그입니다. 헤지펀드도 사모펀드의 일종입니다.

그런데 소액 투자자가 사모펀드에 직접 참여할 길을 여러 방면으로 열면서 사회적 문제가 불거졌습니다. 라임과 옵티머스 사태가 그것입니다. 사모펀드의 문턱이 낮아졌다고 해서 성급하게 선택하면 위험합니다. 원래 고위험을 전제로 하고 있음을 기억해야 합니다.

비상장주식이나 공모주에 우선 투자할 수 있으며 CB, BW 등 투자 대상이 다양한 메자닌펀드가 공모형으로 출시되고 있으니 사모펀드 대안으로 삼을 수 있습니다. 사모펀드로만 출시했던 펀드들을 공모로도 발행되고 있습니다. 눈여겨볼 만합니다.

다만 위험에 대해서는 경계해야 하며, 내가 감수할 수 있는 범위에서 신중하게 투자해야 할 것입니다.

생각을키우는 Q

사모펀드 사기나 부실 등의 사건을 더 알아보고 주의점을 찾아봅시다.

CHAPTER 09

국내는 좁다,
해외주식에 투자하기

01

해외투자의 기회

#기회를 폭넓게 #국가 간 상황 차이를 이용
#자산 배분으로 위험 분산

국내 주식투자에도 기회가 많은데 해외주식투자 얘기를 하는 건, 새로운 기회를 폭넓게 가져야 하기 때문입니다. 그리고 우리 경제의 장기적인 위기감과 무관치 않습니다.

우리보다 앞서간 나라 일본을 볼까요. 한국의 베이비붐 세대가 6·25전쟁 이후에 출생한 1954년생부터 1964년생이라면, 일본의 베이비붐 세대는 1945년 2차 세계대전이 끝난 이후 태어난 세대입니다. 이를 단칸 세대라고도 부릅니다. 이들이 본격적인 은퇴를 하게 된 것은 1990년대였습니다.

공교롭게도 일본에서는 1980년대에 불었던 부동산 버블이 1990년 들어 꺼지기 시작했습니다. 부동산 가격이 폭락하고, 이에 대응하기 위한 금리하락이 이어졌습니다. 1990년대 중반 일본 은퇴 생활자들의 상황은 지금 우리와 비슷합니다.

일본에서는 일본의 저금리를 이용해 자금을 만들고 상대적 고금리인 해외투자를 해서 수익을 올리는 이들을 '와타나베 부인'이라고 불렀습니다. '와타나베'는 일본에서 가장 흔한 성이지요. 초기에는 주부 투자자가 많아 '부인'이라고 칭했는데, 나중에는 연령이나 성별과 상관없이 폭넓게 쓰이기 되었습니다. 이들은 일본의 은행에서 저리로 자금을 빌려 해외 채권에 투자하기 시작했습니다. 해외 채권투자로 높은 채권이자와 환차익을 함께 얻을 수 있었기에 투자 성과가 꽤 좋았습니다.

이후 이들은 다시 일본 안에서 투자처를 찾으려 했지만, 해외투자가 일상이 됐습니다. 일본은 1997년의 아시아 외환위기, 2000년 IT 버블 붕괴, 2008년 미국발 세계 금융위기, 2010년 남유럽 재정위기 등 글로벌 위기 상황에서 장기 저성장의 늪에서 벗어나지 못한 채 1990년 이후 22년의 잃어버린 세월을 보냈습니다.

재도약하는 일본

일본은 지금 다시 일어서 뛰어가고 있습니다. 멀리서 따라오다 한국을 앞지르기 위해 무서운 질주를 하고 있는 중국도 있습니다. 이 틈바구니에서 한국 경제도 일본과 같은 장기 저성장의 늪에 빠질 가능성의 우려가 커지고 있습니다. 일시적으로 부동산 가격이 치솟았지만, 장기적으로 볼 때 일본에서 나타난 것처럼 부동산도, 예금도, 주식도, 채권도 은퇴 금융소득 생활자들의 욕구를 채워주지 못할 가능성이 큰 상황입니다. 이때 수익률을 조금이라도 더 높이려면 성장성이 큰 해외 자산에 투자해야 합니다.

무엇이든 쏠림은 좋지 않습니다. 그런데 우리나라의 투자는 너무 국내 쪽으로 쏠려 있습니다. 국내 가계자산의 약 75%는 부동산으로 구성돼 있습니다. 금융자산은 25%에 불과합니다. 그런데 그 적은 금융자산이 국내 예금, 주식, 채권에 몰려있다는 게 문제로 지적되어 왔습니다.

하지만 해외 금융투자 비중이 점점 올라가고 있습니다. 2015년 기준으로 전체 펀드 가운데 15%가 되지 않던 해외 펀드의 비중이 2020년 초부터 30%를 넘어섰습니다. 2020년 3분기 발표를 보면 외화증권 결제금액이 910억 6,000달러(약 103조 1400억 원)로 분기 기준 사상 최대를 기록했습니다.

기관투자자나 거액 자산가들 중심의 해외투자가 개인투자자 중심으로 이동했습니다. 외국 주식에 투자하는 개인투자자들을 일컫는 '서학개미'라는 신조어가 등장할 정도입니다. 이것은 2014년 11월 중국 증시 개방을 계기로 개인투자자들의 중국 직접 투자가 붐을 이루었던 것과는 양상이 다릅니다.

필연적으로 해외에 눈을 돌려야

해외투자에 관심을 가져야 할 중요한 이유는 시기별로 나라마다 경제 상황이 다르기 때문입니다. 예를 들어 2012년부터 2015년까지 한국 증시의 상황은 나빴습니다. 한국 기업들의 이익 성장이 멈추면서 주가가 1,800~2,200 박스권 흐름을 보였습니다. 이때 과거 25년간 세계 시장에서 한국 기업과 경쟁 상대가 되지 못했던 일본 기업들이 아베노믹스의 힘에 기대어 경쟁력이 높아지고, 한국기업들이 가지고 있던 시장을 하나둘 잠식했습니다.

2012년부터 2015년 9월까지 코스피지수가 7.5% 상승하는 동안 미국 나스닥지수는 52.7%, 유럽 유로스톡스50지수와 일본 닛케이지수, 중국 상하이종합지수가 각각 33.8%, 105.6%, 38.8% 상승했습니다. 이때 국내 자산에만 투자하기보다는 해외 상품에 동시에 투자했더라면 훨씬 높은 투자 성과를 얻을 수 있었을 것입니다.

해외로 눈을 돌려야 하는 이유는 또 있습니다. 자금 운용의 핵심은 위험 관리인데, 위험 관리의 핵심 전략은 위험 분산, 즉 자산 배분입니다. 안전한 선진국과 한국보다 높은 성장을 보이게 될 중국, 일본, 베트남 등의 국가의 자산에 나누어 놓아야 내 자산을 지킬 수 있다는 이야기입니다.

변화한 경제 상황에서 미국이 언제 정책 금리를 인상할지 초유의 관심사입니다. 미국 금리 인상과 달러 강세라는 새로운 환경이 펼쳐질 수 있습니다. 각국 정부와 중앙은행의 대응 전략에 따라 위기 속에서 살아남는 국가와 어려움을 겪는 국가가 극명하게 엇갈리게 될 것입니다. 위기의 상황이 전개될 것이지만 투자를 통한 높은 수익을 챙길 기회도 다가오고 있습니다. 이제 해외투자는 선택이 아니라 필수입니다.

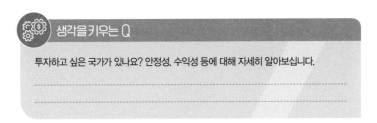

생각을 키우는 Q

투자하고 싶은 국가가 있나요? 안정성, 수익성 등에 대해 자세히 알아보십니다.

02 해외주식투자의 다른 점

#정보에 취약 #장기투자가 적합
#국민소득별 주도 기업 찾기

국내주식과 해외주식 투자는 정보의 양과 질, 접근도에서 엄청난 차이를 보입니다. 국내주식은 투자에 필요한 모든 정보가 가까이에 있습니다.

국내 기업은 한국에서 영업하고, 한국 소비자를 대상으로 영업하기 때문에 매출 전망이 쉽습니다. 뉴스를 통해 수시로 해당 기업에 대한 정보를 얻을 수도 있습니다. 조금만 더 발품을 팔면, 해당 기업에 근무하는 사람을 통해서 영업 상황이나 향후 전략 방향에 대해서 알 수도 있습니다. 생활 패턴이나 문화, 교육, 경제활동 등을 직접 경험해 보았기에 투자를 할지 말지 객관적으로 판단할 수 있습니다.

그러나 해외주식투자는 다릅니다. 투자 대상 국가에 대한 뉴스나 정책의 방향 등은 외신을 통해 간접적으로 얻을 수 있지만, 투자 종목 뉴스는 현지 언어로 나오는 최소한의 정보만 간접적으로 얻게 되는 단점이 있습니다.

정보의 양과 질적 차이 존재

보유한 주식이 처한 상황이나 배당 상황, 계약 상황, 경영 전략의 변화 등 현지의 공시 사항이나 회사의 경영 전략에 대한 정보를 지속적으로 얻기가 어렵습니다. 시차도 무시하기 어렵습니다. 해당 국가의 투자자에 비해 여러모로 불리합니다. 또 국가별 경제성장 단계, 인구구조의 차이, 산업구조의 차이, 금리의 차이, 환율 차이 등 국내 투

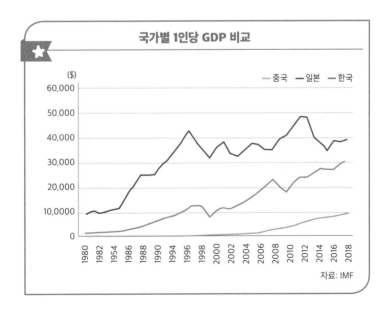

국가별 1인당 GDP 비교

자료: IMF

자와는 증시 주변 여건이 확연하게 다르기 때문에 추가적으로 고려해야 할 요소들이 많고 판단이 어렵습니다.

그렇다고 안 할 수 없다는 것이 문제입니다. 장기 침체를 겪고 있는 나라이거나 저성장, 노령화 진행 국가 등 성장률이 둔화되는 나라에 살고 있는 사람들은 자국에 있는 회사 주식을 투자해서 수익을 내기 어렵습니다. 인터넷이나 SNS가 발달하여 해외투자에 대한 장벽이 낮아지고, 최근에는 여러 증권사에서 해외주식투자를 넓히고 있어 대중화가 시작됐습니다.

해외주식투자는 거래비용이 큽니다. 시차로 인해 바로 시장에 대응하기도 어렵고 환율 문제 등도 있어 단기투자보다는 장기투자의 수단으로 활용하는 게 바람직합니다. 이런 의미에서 1인당 GDP가 증가하면서 일본과 중국의 자본시장이 동반 성장세를 보이고 있는 점은 주목할 만합니다. 1인당 GDP가 5,000달러였을 때, 1만 달러였을 때, 2만 달러였을 때 등 국민소득 수준이 증가하는 단계별로 고성장세를 보였던 산업이 달랐습니다. 국민소득 단계별 미국과 일본의 주도 산업과 주도 기업이 한국에서도, 또 최근에는 중국에서도 재연되고 있습니다.

국민소득 증가와 인구 구조 변화에 따른 산업의 변화를 읽고, 거기에 적합한 주도주 투자가 유리한 투자가 될 수 있습니다. 글로벌 시장에서 같이 경쟁을 하고 있는 상황이기 때문에 국내 기업과 해외 기업들의 경쟁력을 비교해보고 투자하는 것이 해외주식투자의 전략이 될 것입니다.

해외투자 정보 확보하기

#글로벌 경제 뉴스 #증권사 리포트와 HTS
#글로벌 투자 정보 사이트

정보를 얻기 힘든 해외주식투자, 결국은 정보 싸움이 성패를 갈라놓습니다.

세계 경제와 경기 동향, 글로벌 주가지수, 글로벌 기업의 주가 동향과 차트 등을 개괄적으로 볼 수 있는 곳으로 글로벌 뉴스와 투자 정보를 제공하는 기업인 블룸버그가 제공하는 'Bloomberg Business' 앱 등이 있습니다. 영어로 제공되고 있는 것이 단점입니다.

'넷품'을 팔아라

한글로 된 글로벌 뉴스와 해당 국가의 증시 동향을 알고 싶다면 우선 증권 포털(네이버, 다음, 구글) 사이트를 이용하면 됩니다. 이곳들은 한국 경제가 글로벌 경제의 영향을 많기 때문에 외신을 이용해서 해당 국가의 경제지표 발표, 경기 동향, 주가 동향을 수시로 제공합니다.

해당 국가의 포털 사이트를 직접 들어갈 수도 있고, 앞서가는 투자자들이 개인적으로 만든 블로그나 페이스북을 통해 자신의 투자 정보를 제공하고 있는 것을 이용할 수도 있습니다.

중국은 한국과 시차가 1시간밖에 나지 않기 때문에 실시간으로 현지의 정보를 실시간으로 제공하는 회사도 있습니다. 연합인포맥스가 써치엠아이라는 정보 회사와 협업하여 실시간으로 현지 주식시장 동향, 정부의 정책 뉴스, 경제 뉴스, 산업 뉴스, 특징주, 기업 뉴스, 기업 공시사항 등 상세한 뉴스를 제공하고 있습니다.

가만히 있는 사람에게 글로벌 투자 정보가 찾아오지 않습니다. '넷품'을 팔아서 원하는 정보를 얻는 노력이 필요합니다. 정보는 많습니다. 찾지 못할 뿐이지요.

해외투자에서 꼭 필요한 정보는 무엇일까요? 투자 유망기업에 관한 정보와 뉴스일 것입니다. 펀드를 통해 간접투자하는 사람이라면 해외 경기나 경제 뉴스 정도만으로 충분하겠지만, 직접투자자에게는 투자 대상 기업에 대한 정보와 뉴스가 매우 중요합니다.

해외 경제 뉴스를 신속하면서도 상세히 다루는 채널로 'CNBC'를 추천합니다. 그리고 미국과 중국 시장 중심으로 지수, 차트, 외환

CNBC(https://www.cnbc.com)

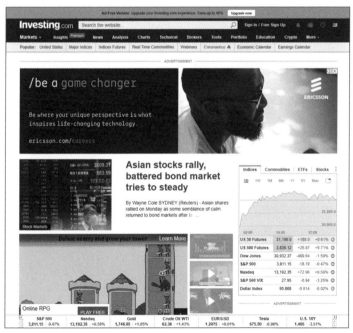

인베스팅닷컴(https://www.investing.com/)

선물 등 신속한 투자 데이터와 정보를 확보하기 좋은 사이트로 인베스팅닷컴이 있습니다.

증권사 해외투자 리포트와 HTS 활용하기

해외투자에 대한 붐이 일면서 대형 증권사 대부분이 글로벌 투자 데일리를 발행하고 있습니다. 특히 국내 증권사 중 해외투자를 활발히 하고 있는 삼성증권, 신한금융투자, NH투자증권 등이 미국, 중국 기업에 대한 소개와 투자 포인트 등을 다룬 리포트를 발행하고 있습니다. HTS를 통해서도 해외투자 정보를 실시간으로 비교적 상세히 제공합니다. 거래하는 증권사에 요청하면 메일로 받아 볼수 있습니다.

미국 증시(나스닥) 정보 화면

자료: NH투자증권 HTS

투자자들에게 더 중요한 정보와 뉴스는 투자해놓은 기업에 대한 정보와 뉴스 업데이트 서비스입니다. 본인이 투자한 기업의 실적이 잘 나오고 있는지, 경영진은 사고를 안 일으키고 경영을 효율적으로 잘하고 있는지, 새로운 투자 계획이 있는지, 배당은 얼마를 주는지 등 지속적으로 점검해야 할 사항들입니다.

앞으로 해외투자 시장은 더욱 커질 것으로 보입니다. 해외증권 업무를 하는 대형증권사 HTS의 해외 사이트를 참고하면서 확대되는 서비스를 더욱 잘 활용하기를 바랍니다.

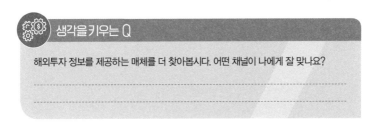

생각을 키우는 Q

해외투자 정보를 제공하는 매체를 더 찾아봅시다. 어떤 채널이 나에게 잘 맞나요?

남이 장에 가니 나도 장에 갈 수는 없습니다. 해외투자는 잘 모르는 시장이고 고려해야 할 것이 많습니다. 전문적인 지식 없이 준비가 안 된 묻지마 투자를 한다면 낭패를 볼 수 있습니다. 해외투자를 하고 싶기는 하지만 해외시장과 기업분석을 할 수 있는 능력이 없다면 준비가 될 때까지 미루는 게 오히려 좋은 투자 방법입니다.

투자 시기, 환율, 세금 등 주의

투자 대상국에 대한 관심이 있고 경제 방향과 주가 흐름에 대한 지식이 축적되었다면 먼저 펀드를 통한 간접투자 방법을 고려하는 게 좋습니다. 예전에는 중국이나 브릭스 펀드 등 꽤 높은 수익률을 올린 펀드도 많았습니다. 펀드 가입 시점과 해지 시점만 본인이 선택하면 종목 선정은 전문가가 대신해서 해주기 때문에 편리합니다. 해외펀드투자의 핵심은 진입 시점과 빠져나올 시점을 본인이 선택하는 것이며 이에 따라 자신의 투자 수익률이 결정됩니다.

좀 더 준비해서 직접투자를 한다면 수익률이 더 높아질 수 있습니다. 대상 기업의 장기 성장의 성과를 고스란히 얻을 수 있고, 배당도 받을 수 있습니다.

환율은 빠져서는 안 되는 중요 고려 대상입니다. 내가 투자하려는 대상국의 환율이 약세가 될 것인지 강세가 될 것인지를 판단해보고 투자에 나서야 합니다.

여기서 꼭 명심해야 할 투자의 원칙은 강세 통화국에 투자하라는 것입니다. 환율은 해당 국가와 화폐의 교환비율입니다. 상대국이 경기 상황이 좋든가, 기업 투자의 매력이 높든가, 금리 매력이 높으면 강세가 되고, 반대의 경우 약세가 됩니다. 당연히 통화가 강세일 때 주가도 동반해서 상승할 가능성이 큽니다. 실물 투자에서는 성공했다고 하더라도 환율이 약세가 되어 큰 손실을 얻는 경우도 생깁니다. 환율은 해외투자에서 꼭 고려해야 할 핵심 사항입니다.

세금 문제도 꼭 봐야 합니다.

금융소득이 2,000만 원을 넘어 금융소득종합과세 대상인 투자자의 경우에는 해외투자에 따르는 양도소득세, 배당소득세 등을 고려하여 세금의 유불리를 계산해봐야 합니다.

해외투자는 어느 나라를 살 것인가, 어느 기업을 살 것인가에 대한 선택의 문제도 중요하지만, 투자한 국가와 기업에 대한 지속적인 정보와 뉴스 업데이트를 통해 언제 팔지를 결정하는 것도 중요합니다.

상황을 업데이트하지 않고 장기투자하는 것은 위험합니다. 우리가 건강검진을 통해 정기적으로 건강을 체크하듯이 투자 자산에 대한 정기적이고 지속적인 관리가 필요합니다.

> **생각을 키우는 Q**
>
> 내가 금융소득종합과세 대상이라면 세금 면에서는 해외투자 중 어떤 방식이 가장 유리할까요?

05

환율을 고려한 투자

#해외투자 때 환율이 하락하면 손실 #미국 금리와 환율은 정비례 #강달러 기조 예측

2010년대 초반 한때 브라질 채권투자가 붐을 이뤘습니다. 종합과세 면제에다 브라질 국채 금리가 10%가 되다 보니, 금리 매력을 보고 투자에 나선 것입니다. 여기서 금리가 변하는 것은 만기까지 가져가면 문제가 되지 않습니다. 그런데도 투자자들이 큰 손실을 봤습니다. 왜일까요. 헤알화가 80% 가까이 하락했기 때문입니다. 달러나 원화로 바꾸었을 때 가치가 급락했습니다.

그 나라의 경제 전망이 해외투자 결정의 최우선순위라면 그다음으로 봐야 할 것이 환율입니다. 환율을 말할 때 원/달러 환율, 원/엔 환율, 원/유로 환율, 원/위안화 환율 등이 있지만 제일 중요한 환율은 원/달러 환율입니다. 한국은 외환거래가 달러로 이루어지게 되어 있고 원/엔 환율은 원/달러 환율과 엔/달러 환율을 통해 결정됩니다.

IT 버블이 터지고 난 이후 2002년부터 달러는 약세를 보였습니다. 글로벌 성장의 축이 아시아로 이동하면서 중국을 중심으로 대규모 투자 붐이 일어났기 때문입니다.

낮은 인건비와 저렴한 토지 비용의 매력을 갖춘 중국으로 공장이 이전됐고, 미국은 소비시장의 역할을 수행했습니다. 미국은 해외에서 생산된 제품을 수입해서 소비에 충당하다 보니 경상적자가 눈덩이처럼 커지기 시작했습니다. 들어오는 달러보다 나가는 달러가 더 많기 때문에 달러는 약세를 보였습니다.

달러의 강세는 유지될 것

중국이 제공해주는 값싼 제품과 값싼 달러로 세계 경제는 2005년 이후 높은 성장세를 보였지만, 2008년 미국발 세계 금융위기가 터지자 그 해결 방안으로 미국은 금리를 낮추고 대규모의 돈을 풀어 경기 살리기에 나섰습니다. 2011년에는 남유럽국가에서 국가 재정이 바닥이 나는 위기도 발생했습니다. 이 무렵 중국은 세계의 공장 역할을 해주며 벌어들인 달러를 가지고 미국의 국채를 샀습니다.

2014년부터 미국 경기는 바닥을 치고 점차 개선되기 시작했습니다. 그래서 2016년부터는 금리를 인상시킬 것이라는 예측이 지배적이었습니다. 경기가 좋아지면 대규모로 풀린 유동성이 특정 자산으로 쏠리면서 버블을 만들지도 모르기 때문입니다. 따라서 미국 정부

달러인덱스와 미국 연방기금금리

(%)

— 연방기금금리(왼쪽) — 달러인덱스(오른쪽)

자료: Refinitiv

• 달러인덱스는 6개국 통화 유로(EUR), 일본 엔(JPT), 영국 파운드(GBP), 캐나다 달러(CAD), 스웨덴 크로네(SEK), 스위스프랑(CHF)에 대한 달러 가치를 지수화한 것으로, 1973년 3월을 기준점(100)으로 하여 미국 연방준비제도위원회에서 발표함.

가 선제적으로 금리를 인상해 안정적인 경기 운영을 할 것이라 보았습니다. 그 결과 달러 유출보다는 유입이 많아져 달러는 장기적으로 강세를 보일 것으로 예상되었습니다. 그런데 미국 금리는 예상보다는 많이 상승하지 않았습니다. 이때 달러는 완만한 강세를 유지했습니다. 그러다 코로나19 등의 악재로 미국은 경기 부양책을 쓰기 시작했고, 2019년 달러는 약세를 보였습니다. 2020년 12월 달러인덱스는 900 이하로 떨어졌습니다.

하지만 2021년 이후 강달러가 조심스럽게 예상됩니다. 경기 회복에 따른 금리 상승 가능성이 커졌기 때문입니다. 따라서 해외 투자 때 달러 강세의 밑그림으로 가지고 가는 것이 유리하리라 봅니다.

06

해외주식투자와 세금

#매매차액 양도소득세 #배당소득 배당소득세
#금융소득종합과세 포함 여부 확인

고액자산가들은 해외투자를 할 때 펀드 같은 간접투자보다 직접투자를 선호합니다. 수익률이 높아서가 아니라 세금 면에서 더 유리하기 때문입니다. 해외투자도 직접 주식을 사고파는 직접투자와 펀드를 통해 하는 간접투자가 있는데요. 상품 성격에 따라 과세에 차이가 납니다.

직접투자의 경우

해외주식에 직접투자할 경우 양도차익에 대해서는 22%(지방소득세 포함)의 세금을 내야 합니다. 원천징수되는 것이 아니기 때문에 당연히 본인이 신고해야 합니다. 신고기간은 매매차익이 발생(1월 1일~12월 31일)한 다음 해 5월 1일에서 5월 31일 사이에 국세청에 신고 및 납부해야 합니다. 매매손실이 있는 경우에는 당연히 매매차익에서 손실을 공제한 금액으로 신고하면 됩니다. 거래비용과 현지에서 납부한 거래세도 비용으로 인정되기 때문에 매매차익에서 차감할 수 있습니다.

해외투자이기 때문에 양도차익과 취득가액과 및 필요경비는 발생한 날의 매매기준환율을 적용한 금액으로 하면 됩니다. 또 매년 250만 원에 대해서는 양도소득 기본공제를 받을 수 있습니다. 양도소득세는 분리과세되기 때문에 종합과세에 포함되지 않는데요. 이 점 때문에 고액자산가들은 펀드보다는 직접투자를 선호하는 것입니다.

중국투자의 경우 현재 중국 정부는 주식매매로 인한 자본 차익에 대하여 과세할지 여부를 확정하지 않은 상태입니다. 즉 중국 주식 매매로 인한 양도차익은 중국 정부에 내는 것이 아니라 한국 정부에 내는 것입니다. 만일 중국 정부가 양도차익에 대해 과세를 하면 어떻게 될까요? 전혀 걱정하지 않아도 됩니다. 국내 양도소득세를 계산할 경우에 외국납부 세액공제 제도가 있어서 공제를 받도록 되어 있기 때문입니다.

국내주식-해외주식-해외펀드 세금 비교

	국내주식	해외주식	해외펀드
매매 차익	비과세	양도소득세(22%) (연간 공제액 250만 원)	배당소득세(15.4%) -매도 또는 결산 시 금융소득종합과세 대상
배당 소득	배당소득세(15.4%) 금융소득종합과세 대상	배당소득세(15.4%) 해당 국가의 배당세율이 우리나라 배당세율보다 낮으면 차액 징수 금융소득종합과세 대상	배당소득세(15.4%) 금융소득종합과세 대상

배당금에 대해서도 15.4%(지방소득세 포함)의 세금을 원천징수합니다. 배당소득은 원천징수로 마무리되지만, 연간 금융소득이 2,000만 원을 초과할 경우에는 다른 소득과 합산하여 종합소득세 신고를 해야 합니다.

펀드의 경우

간접투자인 펀드투자에 대해 알아봅시다. 펀드투자의 경우 국내에서 설정된 주식형펀드와 해외에 설정된 역외펀드가 있습니다. 공통적인 사항은 양도차익, 배당금 등 펀드에서 발생한 소득에 대하여 15.4%의 세금을 원천징수한다는 점입니다. 물론 금융소득종합과세 대상에 포함됩니다.

국내설정펀드와 역외펀드의 차이점은 환차익에 대하여 역외펀드는 비과세인 반면, 국내설정펀드는 배당소득으로 간주해 과세한다는 점입니다. 또한 국내설정펀드는 매년 한 차례 이익 결산해서 과세를 하는 반면, 역외펀드는 환매할 때만 세금을 부과합니다.

정부는 해외투자 활성화 차원에서 해외주식형펀드의 매매차익에 대해서는 비과세하는 특례제도를 시행했습니다. 2016년 2월 29일부터 2017년 12월 31일까지 해외 상장 주식에 직간접적으로 60% 이상 투자하는 펀드인 해외주식형펀드에 대해 비과세 혜택을 주었습니다. 가입일로부터 10년 동안 펀드 내 해외 상장주식의 매매·평가차익과 환차익에 대한 세금(15.4%)이 없고 배당과 이자소득에만 과세(15.4%)했습니다. 가입 한도는 펀드 수에 상관없이 1인당 3,000만 원입니다. 펀드를 보유한 지 10년이 지나기 전에 중간에 되팔아도 세금에 불이익이 없었습니다. 그래서 2017년 12월에는 해외주식형펀드에 자금이 몰리기도 했습니다. 2017년 연말까지 한시적으로 운용되었기에 현재는 이 제도가 없습니다.

07 주식투자가 가능한 나라들

외국인들이 우리나라 주식에 직접 투자할 수 있게 된 것은 1992년 시장 개방 때부터입니다. 시장이 개방됐다는 의미는 외국인 투자자들이 그 나라가 정한 원칙에 따라 주식을 보유할 수 있게 됐다는 뜻입니다.

외국인에게 개방되어 있는지 확인

해외주식에 투자하기 위해서는 투자하고자 하는 나라의 주식시장이 외국인 투자자에게 개방돼 있어야 합니다. 미국, 독일, 영국, 캐나다, 일본, 홍콩, 싱가포르 등 선진국은 일찍이 자본시장이 개방됐습니다. 그러나 신흥 경제 국가들은 각 국가의 대외시장 개방 정책에 따라 투자할 수 있는 나라와 투자할 수 없는 나라로 나뉩니다. 베트남과 중국 본토(상하이 A주 시장)은 개방된 반면 인도는 완전히 개방되지 않았습니다.

투자자들이 큰 관심을 가지고 있는 중국 시장은 2014년 11월 17일부터 개방됐습니다. 개인투자자들이 중국 주식시장에 투자할 수 있는 후강퉁邑港通이 바로 그것입니다. 후강퉁이란 중국 상하이 거래소와 홍콩거래소의 직접 거래와 결제 연동 서비스를 말합니다. '후'는 상하이의 별칭이고, '강'은 홍콩의 별칭입니다. 한국 투자자들은 홍콩거래소를 통해 중국 본토 증시, 상하이A주 중에서 후강퉁에 포함된 500여 종목에 투자할 수 있게 됐습니다.

그리고 2016년 12월 5일에는 선강퉁이 문을 열었습니다. 후강퉁과 같은 방식입니다. 외국의 투자자들은 홍콩거래소를 통해 중국의 선전거래소에 상장된 상당수 종목에 직접투자할 길이 열렸습니다.

그러나 개방이 되어 있다고 하더라도 자신이 거래하는 증권사가 거래서비스를 제공하지 않으면 투자를 할 수 없습니다. 증권사가 해외주식에 투자할 수 있는 서비스를 제공해야 합니다.

해외투자가 활성화되지 않았을 때는 해외 직접투자를 전담하는 부서를 통해서 계좌 개설, 환전, 투자 상담 등을 할 수 있었습니다. 중국이 후강퉁 시장을 개방한 이후 해외투자 붐이 일면서 많은 증권사가 HTS를 통해 해외투자 서비스를 제공하고 있습니다

삼성증권, NH농협증권, 현대증권, 신한투자증권 등 대부분의 증

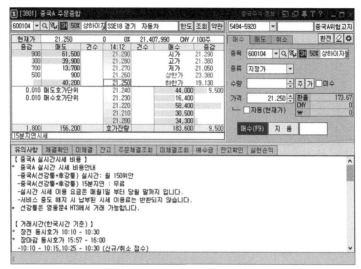

HTS를 통한 중국 A주 거래

자료: 키움증권 HTS

권사가 HTS를 통해 시세 조회, 환전, 주식매매 등을 편리하게 할 수 있는 서비스를 제공하고 있습니다. HTS를 통해 투자 서비스가 되지 않는 국가라 하더라도 본사 해외주식투자 담당 부서를 통해 투자가 가능합니다.

해당 국가의 주식거래 가능 시간에 매매를 해야 하는 점도 중요한 포인트입니다. 미국과 유럽 등은 한국과 시차로 인해 야간에 거래가 이루어지기 때문에 정규 시간이 아니더라도 예약 주문을 통해 주식을 거래할 수도 있습니다. 그러나 하루에도 주가의 변동이 크기 때문에 실시간 거래를 이용하는 것이 유리합니다.

일본과 중국은 한국과 산업구조가 유사하고 거래시간도 큰 차이가 나지 않기 때문에 해외투자 붐을 주도할 국가로 관심을 끌고 있

주요 국가거래소 매매 가능 시간

구분		미국	캐나다	영국	독일
영업 시간	섬머타임 해지	23:30~ 익일 6:00	23:30~ 익일 5:00	17:00~ 익일 01:30	17:00~ 익일 01:30
	섬머타임 적용	22:30~ 익일 5:00	22:30~ 익일 5:00	16:00~ 익일 00:30	16:00~ 익일 00:30

• 미국/캐나다 섬머타임 적용기간: 3월 둘째 주 일요일~11월 첫째 주 일요일
• 영국/독일 섬머타임 적용기간: 3월 마지막 주 일요일~10월 마지막 주 일요일

구분		미국	캐나다	영국	독일
영업 시간	오전장	09:00~11:30	10:30~12:30	10:30~13:00	10:00~13:30
	오후장	12:30~15:00	14:00~16:00	14:00~17:00	15:00~18:00

습니다. 또 중국의 경제성장률이 둔화되기 시작하면서 유망 시장으로 인도와 베트남 시장에 관심을 가지는 투자자들이 늘어나고 있습니다.

08

해외투자
유망 국가

#자산 배분 시 선진국 #비슷한 환경의 일본과 중국
#신흥국 인도와 베트남

한국 주식시장의 시가 총액은 전 세계 시가총액의 2% 내외에 불과합니다. 하지만 GDP 규모로는 10위권이며 그간 고성장세를 보인 국가이기 때문에 외국인 투자자들이 높은 관심을 보였습니다. 그 결과 우리나라 시가총액의 약 35%를 외국인 투자자가 보유하고 있습니다. 외국인들이 한국을 투자처로 생각하듯이, 한국의 투자자들 역시 외국에 관심을 두고 있습니다. 미국과 일본, 유럽 등 선진 시장과 함께 중국, 인도, 베트남 등의 신흥시장으로 투자처가 넓어지고 있습니다.

목적에 따라 지역이 달라져

투자 대상 지역을 선정할 경우 투자의 목적에 따라 투자 유망 지역이 달라질 수 있습니다. 자산 배분 차원이라면 안전한 선진국이 투자 유망 지역입니다.

미국이 정책 금리를 인상하면 글로벌 유동성의 변화가 일어날 수밖에 없습니다. 1998년의 아시아 외환위기, 2000년의 IT 버블 붕괴, 2008년 미국발 세계 금융위기, 2012년 남유럽 재정위기 등을 겪으면서 글로벌 시장이 타격을 입을 때 한국 금융시장은 높은 변동성을 보이며 불안정성을 노출하였습니다. 이런 경험을 거친 후 이제는 과거와 똑같은 전철을 밟지 않겠다는 거액 자산가들의 움직임이 포착되고 있습니다.

선진국은 국내총생산에서 소비가 차지하는 비중이 70% 내외로 글로벌 외부의 변동에 영향을 적게 받는 속성을 가지고 있습니다. 기축통화로의 가치를 가지고 있어 대응력도 높은 편입니다.

글로벌 경제를 주도하고 있는 미국이 한국 투자자에게 가장 인기 있는 지역입니다. 최근에는 일본 투자에 대한 관심이 높아지고 있습니다. 일본 경제가 길고 긴 불황을 극복하고 회복세로 접어든 조짐을 때문입니다. 자동차, IT, 소비주 등 한국의 기업들과 글로벌 경쟁을 하고 있다는 점에서 유망 종목을 찾기가 쉽고, 거래 시간대가 같아서 매력이 있는 시장입니다.

성장주 투자 관점이라면 이머징 마켓입니다. 후강통과 선강통으로 이미 중국 투자에 붐이 일었습니다. 중국은 우리나라 산업과 기업을 추월하는 경쟁력을 갖춰 가고 있다는 점에서 투자 유망 지역으로 주목하고 있습니다.

중국 역시 거래 시간대가 유사하고 산업구조도 자동차, IT, 소비재, 제약, 화재보험, 여행 등 한국과 유사하기 때문에 투자 성과를 올리기 유리한 지역으로 평가됩니다.

신흥국의 경우

인도와 베트남도 관심 지역입니다. 인도는 12억이 넘는 인구를 가지고 소비 위주의 내수 산업 중심의 성장을 이어가고 있다는 점에서 글로벌 외풍의 안전지대로 주목받고 있습니다. 인도 모디 정부의 강력한 경제 활성화 정책이 힘을 얻으면서 경제성장률이 7~8%대를 유지할 것으로 전망됩니다. 인도는 자본시장이 완전히 개방되지 않아 미국에 상장된 ETF 등을 통한 우회투자만 할 수 있습니다. 하지만 시간을 두고 점차 개방될 것으로 보입니다.

베트남은 삼성전자의 휴대폰 공장이 있는 나라입니다. 미국이 주도하는 TPP에 가입하여 봉제의류 분야는 최대의 수혜를 받을 것으로 기대를 모으고 있습니다. 인구도 많아 내수시장의 성장 가능성도 높은 잠재력을 가지고 있습니다. 환율 투자 매력도 높고 주식시장이 개방되어 있어 제한 없이 직접 주식을 살 수 있습니다.

국가별 GDP 순위(2020년 추정치)

(단위: 억 달러)

순위	국가	GDP
1	미국	208,073
2	중국	148,608
3	일본	49,106
4	독일	37,806
5	영국	26,383
6	인도	25,926
7	프랑스	25,515
8	이탈리아	18,482
9	캐나다	16,003
10	한국	15,868
11	러시아	14,641
12	브라질	13,638
13	호주	13,347
14	스페인	12,475
15	인도네시아	10,888
16	멕시코	10,404
17	네덜란드	8,863
18	스위스	7,079
19	사우디아라비아	6,809
20	터키	6,494

자료: IMF

09

해외
ETF 투자

#국내 상장 해외 지수 ETF #해외 상장 ETF
#투자 대상과 세금에 주의

ETF는 앞서 설명했듯 특정 지수의 수익률을 얻을 수 있도록 설계된
지수 연동형 인덱스펀드라 볼 수 있습니다. 그런데 ETF는 일반적인
인덱스펀드와는 달리 거래소에 상장돼 일반 주식처럼 자유롭게 사
고팔 수 있으며 펀드보다 투자비용이 저렴합니다. 해외투자에서도
ETF가 같은 효과가 있습니다. 특히 증시가 개방되어 있지 않아 직접
투자를 할 수 없는 나라에도 해외 ETF를 사면 비슷한 효과를 낼 수
있어 관심이 커지고 있습니다.

두 가지 유형 존재

해외 ETF는 해당 국가의 종합주가지수에 연동된 지수형 ETF와 특정 산업에 연동된 산업 ETF의 두 가지 유형이 있습니다. 또 국내 주식시장에 상장된 해외 ETF와 해외시장에 상장된 해외 ETF가 있습니다.

ETF는 정부 지원과 함께 증시 활성화로 시장이 점점 커지고 있습니다. 이미 우리 주식시장에는 전 세계를 대상으로 투자할 수 있도록 미국 등 선진국의 유망 섹터와 베트남, 인도네시아 등 신흥개발국 시장 대표 ETF 등의 해외투자 ETF가 속속 등장하고 있습니다.

또한, 미국 주식시장에는 전 세계의 지수연동형 ETF가 상장돼 있습니다. 미국은 ETF의 천국이라 할 정도로 다양한 ETF가 상장되어

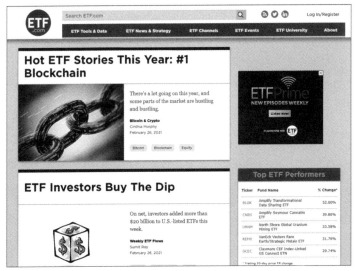

https://www.etf.com

있는데 지수 연동형, 특정 섹터형, 테마형 등 그 종류도 다양합니다.

ETF 정보 사이트인 ETF.COM에는 다양한 ETF 정보가 망라되어 있습니다. 검색을 통해 관심 ETF의 내용을 파악할 수 있으며 인터넷 주소창에서 'etf.com' 뒤에 '/'를 입력하고 eff 코드명을 입력하면 해당 ETF 정보로 바로 연결됩니다.

국내에 상장된 ETF는 환율과 관련해 환 헤지가 된 것과 안 된 것이 있습니다. 상품의 이름에 (H)가 없는 상품은 환 노출형(환 헤지가 안된 것)을 말하는데, 환 헤지가 안 된 것은 환율이 하락(원화 강세, 상대통화 약세)하면 수익률이 하락하고, 환율이 상승(원화 약세, 상대 통화 강세)하면 수익률이 상승하게 됩니다.

달러 강세가 상당 기간 이어질 것이라고 판단한다면 미국 투자 시환 노출형을 선택하는 것이 유리할 것입니다. 그러나 글로벌 환율은 국가별 대응 전략에 따라 높은 변동성이 예상되기 때문에 이에 대해 상당한 주의를 기울여야 합니다.

국내 상장 해외 ETF는 매매 차익에 대한 세금은 없습니다. 다만, 보유 기간 중 배당과 이자에 대해서는 배당소득세 15.4%만 부과되며 금융소득종합과세 대상으로 분류됩니다. 해외 상장 해외 ETF는 해외 주식투자와 세금 부과 원칙이 똑같습니다. 매매 차익에 대한 양도소득세를 내야 합니다. 이는 분리과세 대상으로 연간 전체 거래에서 발생한 매매 손익을 합산하여 수익이 났을 경우만 양도세 22%를 부과합니다. 공제금액은 250만 원이며 이를 초과하는 부분에 대해서만 세금을 냅니다.

해외 종목
선택하기

#투자 대상 국가의 경기 #소속된 산업에서의 지위
#시장이 넓고 깊어야

주식투자를 위해 고려해야 할 사항은 투자 대상 국가의 경기 상황, 유망한 산업, 그리고 투자 유망 기업 선정입니다. 경기는 하락할 때보다는 회복기에 투자하는 것이 주식투자에 유리하기 때문에 타이밍 선정 시 중요하게 고려해야 할 요소입니다. 산업과 기업 선정은 실질 투자 수익률을 결정짓는 주식투자 성패의 핵심적인 요소입니다. 성장주의 경우에는 경기 상황과는 상관없이 꾸준히 매출과 이익 성장을 통해 주가가 상승하기도 합니다. 어떤 주식을 사야 할까요?

지속 가능한 기업인지 판단

중장기적으로 안정적인 수익률을 낸 기업은 매출액과 이익이 지속적으로 성장한 기업입니다. 이 사실은 두말할 것 없습니다. 주가는 이익이 늘어난 만큼 상승하고, 이익이 감소한 만큼 떨어지게 돼 있습니다.

그런데 매출이 늘어야 기업의 이익이 늘어날 가능성이 큽니다. 기업의 매출액은 산업의 영향을 받게 되어 있는 만큼 성장하는 산업에 관심을 가져야 합니다. 워낙 독보적인 기술을 가진 기업의 경우에는 산업이 쪼그라들어도 매출이 늘어나는 경우가 있기는 한데, 이것은 드문 경우입니다. 성장 산업에서도 1등인 기업이 산업 성장의 과실을 모두 가져가는 만큼 1등 기업을 찾아야겠지요.

매출 시장이 깊고 넓은 기업을 골라야 합니다. 매출 시장이 깊다는 것은 물건을 사가는 사람이 많다는 것을 말합니다. 삼성전자의 독점 납품 업체는 고객이 1명이어서 얼핏 보면 독점 납품이기 때문에 안정적이고 좋아 보이지만, 독점 관계가 끊기게 되면 해당 기업은 급격한 쇠락의 길을 걷게 됩니다. 반면 라면과 스낵 과자를 만드는 농심의 고객은 우리나라 전 국민입니다. 5,000만 명이 농심의 물건을 사는 사람인 셈입니다.

매출 시장이 넓다는 의미는 하나의 제품을 가지고 오랜 기간 팔수 있다는 것을 의미합니다. 코카콜라는 콜라 한 제품을 가지고 100년 동안 전 세계인을 대상으로 매출을 일으키고 있지만, 애플의 아이폰은 1년이 지나면 새로운 모델이 나와 수명이 몇 년밖에 되지 않습니다.

애플보다 코카콜라 매출 시장이 넓습니다. 농심보다는 코카콜라가 매출 시장이 깊습니다. 길게 보면 매출 시장이 넓고 깊은 기업의 주가는 10배를 넘어 100배의 수익률을 안겨준 사례가 많습니다.

넓이가 짧고 깊이가 얕을 때 사서 넓이가 넓고, 깊이가 깊을 때 파는 것이 투자 전략입니다. 시간이 많이 걸리기는 하지만 확실하고 안전하게 수익을 내는 주식이 이런 주식입니다. 해외투자할 경우에는 이런 기업을 골라야 하는데, 중국에 투자의 기회가 많습니다.

독점적이고 진입장벽이 높은 기업을 사야 합니다. 서울 시내를 거닐다 보면 한 집 걸러 커피집이 있습니다. 최근 한국의 커피 산업은 비약적인 성장세를 보여 왔고, 커피집도 우후죽순처럼 생겨났습니다.

이런 커피 산업의 성장 속에 누가 돈을 벌었을까요? 불행히도 커피집을 운영한 사람들은 돈을 벌지 못한 반면, 커피 수입상은 큰돈을 벌었습니다. 무슨 차이일까요? 커피 원두 수입상과 커피집을 비교해 보면 커피집은 누구나 소액으로 장사를 시작할 수 있기 때문에 진입장벽이 낮고 독점성도 없습니다. 특정 프랜차이즈 회사에 가맹을 했는데, 몇 발자국 건너편에 똑같은 브랜드의 커피집이 문을 여는 일도 생깁니다. 이에 반해 커피 원두 수입상은 원두 생산국의 특정 농장과 독점적인 수입 계약을 맺고 국내 커피집에 원두를 공급합니다. 일정 규모 이상이 되어야 수입 계약을 맺을 수 있다 보니 소규모 업자보다는 규모가 큰 업자가 시장을 선점하게 됩니다.

해외 주식투자 아이디어 역시 국내 주식을 고를 때와 비슷합니다. 시장과 산업의 흐름을 전체적으로 고려하여 선택해야 합니다.

최근에는 인공지능, 자율주행, 빅데이터 등 4차 산업혁명과 코로나19가 초래한 비대면 문화에 관련된 해외 기업들이 큰 관심을 끌고 있습니다. 테슬라가 떠오른 것도 이런 맥락에서 이해할 수 있습니다.

생각을 키우는 Q

개발도상국 중에서도 경제성장률이 높고 산업화가 빠른 속도로 진행되어 자본시장에서 급성장하는 국가들을 이머징(Emerging) 국가라 합니다. 중국, 브라질, 러시아, 인도, 베트남 등이 있는데, 특별히 관심가는 지역이 있나요?

CHAPTER 10

알아두면 힘이 되는
우리나라 증시의 역사

세계 최초의 주식투자

#동인도주식회사 #위험 분산과 이익 공유
#증권거래소 설립

우리나라 증시의 역사를 살펴보기 전에 세계 최초의 주식부터 찾아보겠습니다. 1602년 네덜란드에서 설립된 동인도주식회사가 발행한 주식이 최초입니다.

당시는 '대항해시대'가 개막됐을 때입니다. 유럽의 배들이 전 세계를 탐험하고 항해하면서 교역이 활발히 이뤄지게 됐습니다. 가장 인기 있는 품목은 중국의 차와 도자기였습니다.

최초의 주식회사

고수익을 올릴 수 있는 차와 도자기를 많이 실어 나르려면 큰 배들이 필요했지만, 왕실이나 한 사람이 부담하기에는 너무 많은 돈이 들었습니다. 또 중간에 배가 좌초되거나 난파될 수도 있어 위험 부담도 컸습니다. 그래서 매우 기발한 생각을 하게 됩니다. 네덜란드 국민 모두에게서 투자를 받기로 한 건데요. 최초의 주식회사 개념이 생겨납니다. 많은 투자자에게 소유와 이익의 배분 등을 명확하게 하기 위해 주식을 나눠주게 됩니다.

한 번 동양을 다녀와 물건을 팔아 이익금을 남기는 데 상당한 시간이 걸리다 보니 투자금을 받기까지 시간이 오래 걸렸고, 사람들은 불안해하기 시작했습니다. 또 주식이 상품이나 신용장 등과 함께 거래돼 불편한 점도 있었습니다.

증권거래소의 탄생

주식을 팔고 싶어 하는 사람들과 이익을 얻으려 주식을 사고자 하는 사람이 생기기 시작하자 좀 더 체계적으로 거래를 할 수 있는 증권거래소라는 게 생겨납니다. 주식회사가 먼저 발달한 유럽이 그 시작입니다. 1613년 세계 최초의 증권거래소인 암스테르담거래소가 설립됐습니다. 영국에서도 주식중개인들이 자치 규약을 만들고 입장료를 징수하자며 1802년 런던증권거래소를 만들었습니다.

현재 전 세계 주식거래의 중심인 뉴욕증권거래소는 어떨까요. 영국과 마찬가지로 최초에는 각종 상품의 경매시장으로 출발했는데, 경매시장에서 1792년 독립했습니다. 1817년에는 뉴욕주식거래소가 설립됐습니다.

우리나라의 최초의 주식회사는 1897년 2월의 한성은행입니다. 그러나 이 시기에 발행된 주식은 주식 발행을 결정한 사람이 전액 인수해 거래할 기회가 극히 드물었습니다. 1905년 러일전쟁에서 일본이 승리한 이후 일본 자본의 국내 진출이 크게 늘었는데요. 일본인들 간의 자유 거래로 초기의 주식거래가 시작됐고, 1908년에는 서울에 처음으로 주식매매를 전문으로 하는 주식 현물점이 나타났습니다. 1909년에는 우리나라 사람이 개업한 주식 현물점도 있었다네요. 실제 주식거래는 1956년 대한증권거래소의 설립을 시작으로 봅니다.

주식회사의 기원과
기업의 종류

주식회사를 인류 최고 발명품 중 하나라고 하기도 합니다. 1602년 네덜란드에서 설립돼 먼바다를 건너 현재 인도네시아인 동인도에 가서 후추, 향료 등을 수입했던 동인도주식회사가 세계 최초의 주식회사일 만큼 역사도 오래됐습니다.

보통 모든 기업이 주식회사라고 생각을 합니다. 많기 때문이죠.

기업은 크게 개인기업, 공동기업 그리고 공기업으로 나눌 수 있습니다. 개인기업은 말 그대로 개인이 운영하는 기업이고, 공기업은 정부가 운영하는 기업입니다. 공동기업은 공동으로 운영한다는 것인데 그 종류에는 합병회사, 합자회사, 유한회사 그리고 주식회사가 있습니다. 주식회사와 다른 공동기업의 가장 큰 차이는 운영하는 주체가 소수냐 다수냐입니다. 주식회사는 많은 개인이나 다른 회사에서 자금을 제공받아 이익을 올리는 것을 목적으로 합니다. 다른 기업보다 더 많은 투자자로부터 자금 조달이 가능하기 때문에 대규모 기업에 적합하겠죠. 그래서 현재 대부분의 기업이 주식회사 형태를 띠고 있습니다.

주주의 돈으로 자본이 이뤄졌기 때문에 주주의 회사라고 할 수 있습니다. 그러나 많은 대기업을 보면 회사의 경영자나 오너는 따로 있죠? 주주는 자금을 제공하고 배당 등의 이득을 취하는 것이지, 직접적인 경영은 주주가 의사를 결정하는 이사회라는 곳에 맡기는 구조로 돼 있기 때문입니다. 이사회에서 대표를 선출하는데요. 주식을 샀다고 해서 당장 이사회의 구성원이 되거나 경영을 바로 하는 것은 아닙니다. 다만 내가 가진 주식만큼 주주총회에서 주주로서 경영진에 의견을 표시할 수는 있습니다.

증권거래소 개장 당시 13개 상장회사 중 하나였던 한국상업은행의 1961년 발행 주권

자료: 《한국거래소 55년사》, 한국거래소, 2011

한국 증권시장의 출발

#대한증권거래소 #4개 은행, 8개 회사
#65년 역사

1956년 3월. 우리나라의 증권시장은 비영리법인인 대한증권거래소가 설립되면서 시작됩니다. 조흥, 저축, 상업, 흥업 등 4개 은행과 경성방직, 대한해운공사, 대한조선공사 등 8개 회사가 상장돼 출발했습니다. 주식회사 개념이 없던 때라 주로 공기업들이죠. 과거에는 지금처럼 통신이 발달하지 않아 수기로 거래를 했다고 합니다.

2021년 2월 26일 현재 유가증권시장(코스피)에는 921종목, 코스닥시장에는 1,486종목이 상장돼 있습니다. 실로 엄청난 확장이 이루어졌습니다.

수기거래의 시대

1960년대에는 광주에 사는 투자자가 증권사 본점이나 지점에 전화로 내 주식을 팔아달라고 하면 대한증권거래소에 나가 있는 브로커가 주문을 외워뒀다가 수신호를 냅니다. 그럼 각종 주문을 다 외워온 브로커가 수신호로 'OK' 사인을 내고 나무토막 2개를 든 거래소 직원이 '딱딱' 쳐서 매매가 성립되었음을 알려 거래가 성사됩니다. 밤에 야경을 돌 때 서로 마주쳐서 '딱딱' 소리를 내게 만든 두 짝의 나무토막이 '격탁'이어서 격탁 매매라고 했습니다.

이렇게 계약이 체결될 때마다 거래소에서 방송을 했고, 주가는 칠판에다 써서 알렸다고 하네요. 하루에 처리할 수 있는 거래가 몇 건 없었겠죠? 그리고 팔겠다는 사람과 사겠다는 사람의 가격이 맞지 않으면 거래가 이뤄지지도 않았을 테고요. 이런 과정을 거친 우리나라 증시, 2016년에 개장 60주년을 넘었습니다.

03 1970년대 증권거래 대변혁기

#기업공개 촉진 #포스트 매매
#거래 전산화

1970년대 들어 정부는 증권시장을 경제 개발을 위한 자금 조달의 장으로 키우기 위해 기업공개를 촉진했습니다. 돈 좀 번다는 기업을 의무적으로 상장하게 한 것이죠.

기업공개나 상장은 거의 같은 말로 개인기업을 다수기업으로 바꾸는 것입니다. 주인이나 극소수 몇 명만 가질 수 있었던 주식을 아무나 사고팔 수 있게 주식시장에 공개적으로 내놓는다는 것입니다. 기업공개를 하면 불특정 다수를 대상으로 대규모 자금 조달을 쉽게 할 수도 있고, 또 상장사라는 일종의 '인정받은 기업'이라는 이미지 제고에도 도움이 됩니다. 아무 회사나 상장할 수 없기 때문이죠.

빌 게이츠 마이크로소프트 회장이 2009년 말 기준으로 세계 최고의 부자가 될 수 있었던 것도 기업공개 즉 상장의 힘이었습니다. 좋은 회사가 시장에서 좋은 가치를 받으면서 마이크로소프트 주식을 많이 가진 대주주, 빌 게이츠 회장의 부도 천문학적으로 늘어난 것입니다.

어쨌든 정부의 적극적인 정책 덕에 1970년 48개에 불과했던 상장사가 1978년에는 356개사로 늘어났습니다. 사고팔 수 있는 기업이 많아지니 주식투자 참여자와 거래량이 크게 늘었고, 브로커 주문을 접수하는 격탁 매매로는 더 이상 거래가 불가능해졌습니다.

1972년에는 6각형 모양의 단상에서 거래가 이뤄지는 포스트 매매가 시작됐습니다. 격탁 매매는 현재의 농산물 경매와 같이 하나의 주식에 대해 단체로 경매를 했는데 포스트 매매는 개별 주식에 대해 서로 경쟁하며 매매하게 된 것입니다. 사고팔겠다는 호가표를 각 증권사에서 내면 거래소 직원이 그것을 모아 경쟁을 시킵니다. 팔겠다는 많은 주문과 사겠다는 많은 주문을 다 모아, 팔고 사는 가격이 맞는 주문을 서로 맞춰 거래를 해주는 것입니다. 그런 주문이 많다면 먼저 주문을 낸 사람을 우선하게 해주는 것입니다. 거래가 몰리면 호가표가 3미터씩 쌓이기도 하고, 밤샘 야근에도 일을 끝내지 못했다고 합니다.

거래가 많아져도 분필로 칠판에 거래 현황을 체크하고 전표를 정리하는 일도 계속됐습니다. 그때 아르바이트를 했다는 현재 한 증권사 사장님에 따르면 당시 증권사 아르바이트는 꽤 돈을 많이 주는 좋은 자리였다고 하네요. 그리고 호가표를 먼저 넣으려고 담당 직원에게 밥도 꽤 많이 샀다고 합니다.

정부는 급증하는 증권거래를 원활하게 하기 위해 전산 개발에 박차를 가했습니다. 1987년 7월 1일 주식매매 체결 전산 시스템을 가동하기 시작했고, 약 10년 뒤인 1997년 8월 30일에는 수작업 매매를 끝냈습니다. 현재는 모든 매매가 전산으로 이뤄지고 있습니다. 주식매매용 프로그램인 HTS(홈트레이딩시스템)나 엄지족들을 위한 애플리케이션 MTS(모바일트레이딩시스템)로 0.01초의 오차도 없는 주문이 이뤄지고 있습니다.

생각을 키우는 Q

테이블에서 중개인들이 수신호와 서류를 주고받으며 주식을 거래하는 장면을 생각해봅시다. 이 속에서 주식의 원리를 찾아봅시다.

04 국민주와 주식투자 대중화

#포항종합제철 #한국전력공사
#대우증권 인수 때 재등장

"객장에 아기 업은 엄마가 나오고, 루이비통 가방을 든 아줌마 부대가 등장하면 어김없이 꼭지다"라는 얘기가 있습니다. 우스갯소리이긴 한데, 너도나도 주식에 뛰어드는 과열의 신호이기 때문이죠.

아줌마 부대의 창시가 바로 국민주입니다. 국민 여동생, 국민 MC처럼 대중적인 인기를 끈다는 개념의 국민이 아니라, 정말 국민을 대상으로 발행했기 때문에 국민주입니다.

최초의 국민주

정부는 올림픽이 열렸던 1988년 11월 1일부터 포항종합제철(현재의 포스코)을 최초의 국민주로 내놓습니다. 원래 국민주는 정부가 관리하는 공기업의 정부 소유 주식을 서민들에게 우선 배분해 이익을 나눠주고 투자자를 늘려간다는 취지에서 도입된 것입니다. 포항종합제철이 이익을 잘 내고, 주가가 오르는 것을 정부가 국민과 나눠 갖겠다는 것입니다.

1989년에는 포항종합제철 이후 두 번째로 한국전력공사의 주식을 국민주로 공급합니다. 당시 월급이 60만 원 이하인 근로자와 농어민, 자영업자 등에게 78%를 배정했었다고 합니다. 국민주를 받은 서민들은 은행에 저금하듯이 재산 증식 수단으로 부담 없이 받았습니다. 국민주신탁이나 국민주 청약예금 제도를 실시해 이익은 비과세되기도 했습니다. 우량기업이어서 이익배당도 받고 주가가 움직이는 재미도 알게 되니, 국민주 열풍이 주식투자 대중화로 이어졌습니다.

대우증권이라는 회사 들어보셨나요? 우리나라 대표 증권회사인데, 대우그룹 사태 이후 정부 관리를 받다가 미래에셋에 인수되어 미래에셋대우라는 이름으로 바뀌었습니다. 이 회사 직원들이 만든 우리사주조합이 대우증권을 인수하겠다고 출사표를 내걸 때 국민주라는 개념이 또 등장했습니다. 지주회사를 만들어 대우증권 인수에 나서는데, 이 자금을 공개적으로 모집하겠다는 것입니다. 국민이 국민주처럼 대우증권 인수에 참여해 대우증권 직원과 함께 대우증권의 새 주인이 되자고 제안한 거죠. 하지만 미래에셋에 밀려 그 뜻을 이루지 못했습니다.

> **생각을 키우는 Q**
>
> 본인이나 부모님이 국민주를 샀던 기억이 있나요? 지금 그 주식은 어떻게 되었나요?
>
> ---
>
> ---

05 코스피, 박스를 깨다

#두터운 2000포인트의 벽 #반도체 호황 이후 좌절
#동학개미

주가가 박스 안에서 움직인다고 해서 박스권이라는 말을 씁니다. 주가의 파동을 보면 일정한 가격 폭에 따라 움직이는 습성이 있는데요. 주가가 일정한 가격 폭 내에서 오르내리며 상단과 하단을 깨지 못하는 양상을 말합니다. 다른 말로는 '가두리' 형태라고도 합니다.

우리나라 전체 주식시장 흐름을 나타내는 코스피를 볼까요.

코스피는 1980년 1월 4일, 100을 기준으로 산출하고 있는데요. 2012년 2월 현재 3,000선대를 기록하고 있습니다. 거칠게 말해 코스피지수와 거의 똑같이 움직이는 주식을 1980년대 초에 1,000원에 샀으면 현재는 3만 원이 됐다는 얘기입니다.

오랫동안 이어진 박스권 장세

그러나 그 과정은 순탄치 않았습니다. 1980년 말 106.87을 기록하던 지수는 1989년 말에는 909.72를 찍습니다. 엄청난 상승이죠. 이때는 올림픽, 국민주 열풍이 불던 때였습니다. 그러나 1990년 말에 코스피는 696.11로 주저앉습니다. 1년 만에 30% 이상 급락한 겁니다. 600선대에서 지지부진하던 지수는 1994년 말에 드디어 1,027.37로 1,000선을 뚫습니다. 그러나 환호도 잠시 1996년 말에는 651.22로, IMF 위기로 1997년 말에는 376.31을 기록했습니다. 다시 1999년 말 1,028.07을 뚫기까지 박스권의 답답한 흐름이 이어졌습니다.

그 이후에도 1,000선 돌파를 시도했다가 안착하지 못하는 흐름이 이어졌습니다. 이후 대세 상승기는 2003년부터 나타나 2007년에 최초로 2,000선을 뚫은 뒤 10년 뒤인 2017년까지 1,800~2,200선 사이를 오가는 박스에 갇혀 있었습니다.

한국 증시가 2200의 박스를 뚫은 것은 반도체의 힘이라 할 수 있습니다. 2017년 무렵부터 반도체가 슈퍼 사이클의 호황을 맞았으며, 코스피에서 가장 큰 비중을 차지하는 삼성전자가 급등하면서 2018년 1월 코스피지수는 2,600선을 넘어섭니다.

그러나 반도체 슈퍼 사이클이 지나고 미국과 중국의 무역분쟁 등으로 세계 경제가 침체에 빠지며 2019년 8월 코스피지수가 2000선 아래로 떨어지게 됩니다. 설상가상으로 2020년 1월 말부터 코로나19가 전 세계를 강타했습니다. 한국 경제도 심각한 영향을 받았고 코스피지수는 2020년 3월 1,439선까지 폭락하기에 이릅니다.

미국을 비롯한 전 세계 각국이 유동성을 공급하며 경기 부양에 나섰습니다. 한국에서는 개인투자자들이 외국인과 기관이 던진 매물을 모두 받아들이며 증시를 떠받쳤습니다. 이들 개인투자자에게는 '동학개미'라는 별명이 붙었습니다. 그 결과 2020년 5월 말 2,000선을 회복했고 2021년 1월 글로벌 경제 회복의 기대 심리까지 합쳐지면서 3,000포인트를 돌파하게 되었습니다.

생각을 키우는 Q

앞으로 코스피 지수는 어떻게 되리라 보세요? 이 전망 속에서 타의 투자 전략을 세운다면?

불 마켓(bull market) VS
베어 마켓(bear market)

증시에서 황소bull는 주식을 사는 쪽 혹은 상승장을 의미합니다. 불 마켓bull market이란 장기간에 걸친 주가 상승을 말합니다. 반면 베어 마켓bear market은 약세 시장을 의미합니다. 이처럼 주가가 오르거나 내리는 것을 황소와 곰에 비유하는 것은 싸움을 할 때 황소는 머리의 뿔을 아래에서 위로 치받는 모습을 하고, 곰은 앞발로 상대를 위에서 아래로 내리치는 모습을 하고 있기 때문입니다. 실제로 미국 금융시장 심장부라 할 수 있는 월스트리트에는 큼지막한 동상이 세워져 있습니다. 황소의 뿔을 잡으면 주식으로 돈을 많이 벌 수 있다는 말도 있습니다.

한국거래소 서울사옥에도 소와 곰 상이 세워져 있습니다.

위기에서 빛난 투자자들

#부의 축적 원리 #잠자는 중에도 돈 벌기
#노동과 투자 병행

위기가 가장 큰 기회라는 말이 주식시장에는 딱 맞아떨어집니다. 공포가 극에 달하는 상황에서 투자자들은 투매에 나섭니다. 더 떨어질 것 같으니까 그냥 주식을 내던지는 현상이 발생하는 것입니다. 이럴 때는 실적이나 미래 성장성이 좋은 종목도 투매가 나타나는 경우가 많았습니다.

위기에서 남들과 다르게 생각하는 투자자들은 어김없이 돈을 벌었습니다. 공포나 위기가 물러가면 좋은 종목들은 빛을 보기 시작했습니다.

코스피로만 봐도 IMF 위기를 맞았던 1997년 말 373.31이던 지수는 1998년 말 562.46, 1999년 말에는 1,028.07을 기록했습니다.

당시에는 나라가 망할 것 같아 모든 종목이 된서리를 맞았습니다. 증시 체력도 좋지 않았지만, 이후 외국인 투자자에게 시장을 전면 개방하고 좋은 한국 주식을 사려는 글로벌 자금이 몰려들면서 1998년에 잘 투자했다면 1년 만에 무려 3배에 가까운 이익을 낼 수 있었습니다.

IMF 시기, 1년 만에 3배 이익

2008년 글로벌 금융위기가 발발하자 2007년 2,064.70으로 장중 최고가를 찍었던 코스피는 2008년 중에는 1,888.88까지 떨어지고 2009년에는 1,718.88을 기록했습니다. 그러나 금융위기 후 높아진 환율 덕을 본 수출주가 위세를 떨치며 승자독식의 시대를 엽니다. 대형주 위주의 장세가 펼쳐져 2010년에는 2,051.00이라는 연중 최고가로 한 해를 마감합니다.

특정 개별 종목이 아닌 시장 전체에만 투자했다고 해도 글로벌 금융위기에는 20% 이상의 수익률을 올릴 수 있었습니다. 현대자동차의 경우 2008년 말 주가가 3만 5,750원까지 떨어집니다. 글로벌 금융위기 당시 환율과 기술력을 앞세워 한국의 현대차가 아닌 글로벌 현대차로 거듭나면서 주가는 2012년 5월에 27만 2,500원을 기록했습니다. 어림잡아도 6배네요.

블랙먼데이 기록들

순위	하락률(폭)	지수	일자	하락 원인
1	▲12.02% (▲64.97p)	475.60p	2001.09.12	미국 9·11 테러 발생
2	▲11.63% (▲93.17p)	707.72p	2000.04.17	미국 주가폭락(FRB 금리인상 우려)에 따라 글로벌 증시 동반 하락
3	▲10.57% (▲110.96p)	938.75p	2008.10.24	아이슬란드, IMF에 구제금융 신청
4	▲9.44% (▲126.50p)	1213.78p	2008.10.16	글로벌 경제전망 불확실성 및 실물경제 침체 우려
5	▲8.10% (▲26.61p)	302.09p	2008.06.12	엔화약세에 따른 외국인 대량매도

생각을 키우는 Q

금융위기나 경기하락 국면에서 주식을 매도했던 적이 있나요? 그때 팔지 않았다면 지금 어떤 결과를 맞았을까요?

벤처 붐과 코스닥 활황

#벤처 거품의 대명사 새롬기술 #6개월 동안 150배 상승
#2000년 3월 코스닥 정점

코스닥시장에 최초로 벤처 바람을 일으킨 종목은 골드뱅크입니다. 그 이후 새롬기술(현재 솔본)은 벤처 열풍의 정점에 섰습니다. 새롬기술은 1999년 8월 13일에 1,491원으로 상장했고, 액면가는 500원이었습니다. 새롬 데이터맨이라는 PC통신 접속 프로그램과 다이얼패드라는 무료 국제통화 서비스를 가지고 등장한 이 기업은 증시 데뷔와 동시에 9일 연속 상한가를 기록했습니다. 주가는 무려 3,765원이되었습니다.

한 달여간 횡보를 해 "아 이제 끝났나…" 했지만, 이후 본격적으로 급등하기 시작합니다. 한 달 반 만에 1만 1,000원으로 올라간 것입니다. 새롬기술이 주식투자자들 사이에서 각광을 받으며 묻지 마, 불나방 투자가 시작됩니다. 1만 1,000원에서 6만 원으로 오르기까지 한 달이 채 걸리지 않습니다.

깨지지 않는 새롬기술의 기록

다시 한 달 뒤 18만 원을 찍고 잠시 조정 뒤 결국 2002년 1월 20만 원을 뚫습니다. 그해 3월 초에는 28만 2,000원이 됐습니다. 새롬기술은 액면가가 500원이었는데, 액면가 주로 5,000원인 코스피 종목 기준으로 하면 주가가 282만 원이나 되는 셈이죠. 유·무상 증자가 있기는 했지만, 이를 빼고 단순 주가 기준으로만 보면 6개월 동안 150배가 올랐습니다.

새롬기술의 경이로운 주가상승률은 우리나라 증시가 문을 연 이후 지금까지 깨지지 않는 기록이라고 할 수 있습니다. 당시 기사를 볼까요?

종업원 45명에 불과한 코스닥시장의 황제주 새롬기술의 시가총액이 국내 대그룹 서열 20위 내인 금호, 롯데, 동아, 코오롱 4개 그룹을 합친 것보다 많아졌다. 새롬기술은 30대 그룹에서 서열 7위에 해당하는 2조 4,700억 원의 시가총액을 찍었다.

평범한 샐러리맨에서 억만장자로의 변신. 500원짜리가 18만 원까지 올라가 "자고 나면 억만장자"가 많아졌다. 한 종금사 대리는 1억 원을 투자해 26억 원 이상을 벌었다. 그의 연봉은 5,000만 원. "현실로 믿어지지 않는다."

한 영화배우는 광고 모델료 대신 새롬기술 주식을 받았는데 50억 원을 벌었다는 보도가 나오기도 했습니다. 당시 새롬기술 투자자들은 국제전화를 아무리 오래 사용해도 무료라는 말에 열광했습니다. 얼마나 현실성이 있는지 수익성은 있는지를 따지지 않고, 부푼 기대감만으로 적자를 낸 새롬기술이 삼성전자보다 더 비싼 주가를 기록하기도 했습니다.

그러나 인터넷전화 사업은 수익성이 따라주지 않았고, 결국 다이

새롬기술의 주가·거래량 추이

얼패드는 사업에 실패해 2001년 법정관리에 넘어갔습니다. 그 이후 새롬기술 주가는 그야말로 곤두박질쳤습니다. 초기에 새롬기술을 샀다면 인생 역전도 가능했겠지만, 뒤늦게 따라 샀다면 엄청난 투자 손실을 냈을 것입니다.

여러 사람 웃고 울게 만들었던 새롬기술. 벤처 붐과 IT 버블을 나타내는 대표적인 종목입니다.

그 외에도 싸이버텍, 다음, 장미디어, 버추얼텍, 한글과컴퓨터, 마크로젠, 미디어솔루션, 이지바이오, 인디시스템, 디지틀조선, 대현테크, 이디, 정문정보, 로커스, 태진미디어, 터보테크, 대양이엔씨, 네스텍, 자네트시스템, 벤트리, 코리아링크, 넷컴스토리지, 드림라인, 대흥멀티통신, 맥시스템, 스탠다드텔레콤 등이 1999~2000년 벤처 붐을 타고 급등했던 종목들입니다.

지금도 증시에 있는 종목도 있지만, 사라진 종목도 많습니다.

이 벤처 열풍 때문에 코스닥지수는 사상 최고치는 아직도 깨지지 않고 있습니다. 2021년 2월 말 현재 코스닥지수가 900선에 머물러 있는데, 벤처 열풍이 불던 2000년 3월 10일에는 코스닥지수가 2,834까지 치솟았습니다.

'냉각 캔' 작전 사건의 전말

#거짓 정보를 통한 주가 조작 #상용화되지 않은 냉각 캔
#베렝거 사건

의도적으로 거짓 소문을 퍼뜨리고 이에 따라 주가가 오르면 그 주식을 모두 팔아 엄청난 차익을 챙기는 것을 '작전'이라고 합니다. 과거 기업의 뉴스나 수주·재무 정보 등이 투명하게 공개되지 않을 때는 일부로 소문을 만들어 주가를 끌어올리는 경우가 많았습니다. 2000년대 전만 해도 '~카더라'를 듣고 개인들이 주식들을 많이 샀습니다. 이때는 기관투자자나 외국인 투자자들이 많지 않아 주가가 하루에도 급등락을 여러 번 했습니다.

주가 작전 세력을 소재로 한 영화가 많이 나올 정도로 작전은 치밀하고 흥미진진합니다. 애꿎은 피해자들은 더는 나와서는 안 되겠지만요.

희대의 작전주, 냉각 캔 사건

국내에서 가장 유명한 주가 조작 사건은 1998년 여름에 일어났습니다. 한 회사가 세계 최초로 냉각 캔을 개발했고, 외국 회사와 수출 로열티를 체결했다고 알렸습니다. 냉각 캔이라는 이 신비의 깡통은, 음료수를 특수 제작된 캔에 담아 마시기 1~2분 전에 탭을 떼기만 하면 내용물을 차갑게 만들어 마실 수 있게 한다는 것입니다. 음료수를 굳이 냉장고에 보관하지도 않고 시원하게 먹을 수 있다니 엄청난 제품이라는 생각에, 이 회사의 주가는 1998년 초 5,000원에서 연말 4만 원까지 급등했습니다. 하지만 당초 회사 발표와 달리 제품은 상용화되지 않았고, 외국과의 수출 및 로열티 계약도 없던 얘기가 됐습니다. 결국 이듬해 11월 금융감독원이 이 회사 대표를 주가 조작 등의 혐의로 검찰에 고발했습니다.

주가 조작은 아주 오래전부터 있었습니다. 1814년 2월 영국에서는 나폴레옹 전쟁 끝 무렵에 발생한 베렝거 사건이 최초의 주가 조작으로 꼽힙니다. 한 병사가 "나폴레옹이 죽었다. 연합군이 드디어 파리를 점령했다"고 외쳤고, 전쟁이 끝났다는 소식에 주가는 폭등했습니다. 그러나 몇 주 뒤 사실이 아니라는 것이 밝혀졌고 주가는 곤두박질쳤습니다. 소문의 근원지는 베렝거라는 사람과 그 주변 인물들입니다. 이들은 싼값에 주식을 사놓고 종전 소문을 냈고, 주가가 급등한 사이 팔아치워 엄청난 돈을 벌었습니다.

"소문에 사고 뉴스에 팔아라"는 유명한 말도 주가 조작과 무관치 않습니다.

09 대세 상승기

#2003년부터 대세 상승기 #2000p 돌파 후 박스권
#2021년 1월 3000p 돌파

박스권이 주가가 좁은 박스에서 벗어나지 못하는 것이라면, 대세 상승기는 꾸준히 우상향하는 흐름을 말합니다. 하루하루나 한달 한달 간 오르내림은 있을 수 있지만, 결국은 꾸준히 올라가는 모양입니다. 계단식일 수도 있고, V자형일 수도 있습니다.

한국 증시에서는 1985년부터 1989년이 대세 상승기였습니다. 2000년대 들어 코스피는 한 단계 더 수준을 높여 대세 상승기를 그렸습니다. 이런 모양을 어려운 말로 리레이팅이라고 합니다. 정확히는 2003년부터라고 할 수 있습니다.

역사적인 코스피 2,000 돌파

2003년부터 시작된 코스피 상승세는 계속돼 2007년 우리 증시가 열린 이후 처음으로 2,000을 돌파하게 됩니다. 상장회사 시가총액이 1,000조 원을 넘어섰습니다. 2008년 이후 글로벌 금융위기가 발생하면서 시장이 일시적으로 침체해 부진하기도 했지만, 2010년 들어서는 주가가 회복하면서 시가총액도 다시 늘어나 연말에는 1,240조 원을 기록하기도 했습니다. 이후 코스피는 1,900~2,000선에서 더는 뻗어 나가지 못했지만, 큰 위기가 와도 1900선이 일시 붕괴되었다가 회복하고 2,000선 돌파를 꾸준히 시도했습니다.

2017년 10월 30일 코스피지수는 2,500선을 돌파했고 특히 2020년 11월부터 상승이 가팔랐습니다. 2021년 초에는 3,000포인트를 넘어섰습니다. 그래서 2020년 말부터 대세 상승기에 접어든 것으로 평가하기도 합니다.

주식이 대중화되고, 경제 흐름을 보여주는 지표가 되다 보니 대통령 선거에 나선 주자들이 자주 코스피 목표치를 제시하곤 합니다. 3,000, 5,000포인트가 자주 등장하지요. 그리고 꿈 같이 느껴지던 3,000포인트가 현실이 되었습니다.

코스피지수 최근 1,000p 돌파 이후 단계별 상승 추이

일자	코스피지수	비고
05.2.28	1,011.36	과거 1,000p 진입사례 •89.3.31 : 1,003.31p •89.3.31 : 1,003.31p •89.3.31 : 1,003.31p
05.7.28	1,104.72	1,000p 돌파 이후 5개월
05.9.26	1,206.41	1,100p 돌파 이후 2개월
05.12.1	1,305.98	1,200p 돌파 이후 2개월
06.1.14	1,402.11	1,300p 돌파 이후 1개월
07.4.9	1,501.06	1,400p 돌파 이후 15개월
07.5.11	1,603.56	1,500p 돌파 이후 1개월
07.5.31	1,700.91	1,600p 돌파 이후 20일
07.6.18	1,806.88	1,700p 돌파 이후 18일
07.7.12	1,909.75	1,800p 돌파 이후 24일
07.7.25	2,004.22	1,900p 돌파 이후 13일
17.10.30	2,501.93	코스피 2,000p 진입 후 10년 3개월만
20.12.4	2,731.45	2,600p 돌파 후 9거래일
20.12.24	2,806.86	2,700p 돌파 후 14거래일
2021.1.6	3,000	코스피 41년 만에 3,000 시대 진입

10

트로이카, 차화정…
그다음은?

#테마와 트렌드 #반도체, 플랫폼, 바이오
#삼성전자와 현대자동차 롱런

주식시장은 테마의 연속이라고 할 정도로 시기마다 유행하는 종목
이 있습니다. 2000년대 초반에는 IT 신기술이 자고 나면 오르는 테
마였고, 2000년대 중반에는 황우석 박사를 계기로 바이오주가 폭발
적인 인기를 끌었습니다. 또 유명인이 투자하면 상한가에 직행하는
엔터테인먼트 관련 주식도 중요한 테마였습니다. 냉각캔 테마, 전쟁
테마, 전염병 테마, 계절 테마, 선거 테마, 고속철도 테마, 비대면 테마
등 무수히 많습니다.

　테마가 짧은 주기라면 트렌드는 좀 더 큰 주기를 만듭니다.
1980년대 후반~1990년대에는 은행, 증권, 건설 주도의 장세여서 이
들을 '트로이카'라고 불렀습니다. 1999년에는 벤처 붐에 올라탄 IT

주들이 각광을 받았습니다.

2009년에는 글로벌 금융위기 이후 수출주, 그중에서도 자동차, 화학, 정유주가 시장을 끌고 간다고 해서 '차화정'이라는 말도 생겨났습니다. 투자자문사 열풍이 불면서, 자문사가 집중 투자하는 7종목을 '7공주'라고 불렀습니다.

2014년~2015년에는 중국 관련 화장품, 게임, 정보 채널이 휩쓸면서 차이나, 화장품, 정보 채널을 딴 '2015년 판 차화정'이 생겨났습니다. 2016년 이후에는 반도체 관련 종목이 강세를 보였습니다. 그리고 2019년 이후는 카카오 등 플랫폼 기업이 강세를 보였습니다.

1983년-2012년-2020년 코스피 상위 기업

순위	1983년 초		2012년 말		2020년 말	
	종목명	시가총액 (십억 원)	종목명	시가총액 (십억 원)	종목명	시가총액 (십억 원)
1	한일은행	104.6	삼성전자	243,643.7	삼성전자	467,434.0
2	한국상업은행	100.7	현대자동차	52,849.2	SK하이닉스	84,448.3
3	조흥은행	99.0	포스코	30,428.2	LG화학	57,391.5
4	대한석유지주	98.2	현대모비스	28,037.7	삼성바이오로직스	54,387.6
5	서울신탁은행	94.0	기아자동차	22,903.0	셀트리온	48,666.7
6	제일은행	93.2	LG화학	22,647.6	NAVER	46,486.5
7	현대자동차	86.2	한국전력	19,547.8	삼성SDI	41,327.4
8	대우	84.0	삼성생명	18,860.0	현대자동차	40,703.8
9	금성사	66.2	신한금융지주	18,422.7	카카오	34,003.9
10	삼성전자	63.7	현대중공업	18,389.0	삼성물산	25,510.1
합계		889.6 (27.0%)		475,731.9 (41.2%)		

위 표를 보면 1983년 초 코스피지수 상위 10종목 중 5종목이 금융업이었습니다. 2012년 말과 비교해 볼까요? 삼성생명과 신한금융지주 2종목에 불과합니다. 2020년에는 시가총액 상위 10종목 중 금융 기업이 아예 없습니다. 30년간 줄곧 10위 안에 버틴 것은 삼성전자와 현대자동차뿐입니다.

이렇게 수없이 바뀌는 다음 트렌드에 대한 논쟁은 치열합니다. 고성장세를 보이는 반도체, 플랫폼, 바이오, 게임 등의 강세가 더 이어질 것이라는 전망과 반대로 성장에 가려 본연의 가치에 미치지 못하는 저평가 종목이 활약할 것이라는 주장이 대립하고 있습니다. 성장주 대 가치주, 아직은 어느 것이 트렌드를 형성했다고 보기는 어렵습니다.

생각을 키우는 Q

내가 생각하는 다음 세대 주도 트렌드는 무엇인가요?

11 10년 후의 주가 예측

#불안할 때 안전자산 #장기적 상승에 대한 믿음
#매도 원칙 갖기

10년 후에 주가가 오를지 내릴지 그 정답을 안다면 참 좋겠지만, 미래의 일이어서 그 누구도 알 수 없습니다. 내일, 아니 당장 1분 뒤에 오르고 내릴지도 모르는 게 주가입니다.

일단 우리나라 경제가 좋아질 것이라는 믿음이 필요합니다. 경제가 위험할 것 같으면 내 재산을 지키는 안전자산이 낫습니다. 그렇지만 주식으로 성공하고 싶다면 성공할 확률을 찾아야 합니다. 역시 장기투자가 꼽힙니다.

원칙과 믿음이 중요

　주식투자에 성공할지, 실패할지는 주식을 산 다음부터 어떻게 행동하느냐에 달려 있다고 합니다. 저처럼 많은 소심한 사람들은 사는 순간부터 팔 생각에 사로잡혀 가격을 저울질하고, 주위에 물어봅니다. "도대체 언제 팔아야 하냐고요?"

　장기투자를 고수하는 사람들은 좋은 회사의 주식은 사고 난 후 잊어버리고 계속 가지고 있어야 한다고 합니다. 샀을 때의 이유를 상기하며 회사의 성장과 함께 내 재산도 늘어날 것이라는 시간의 향기를 느끼라고 합니다. 돈 잘 버는 좋은 기업에 적금처럼 꾸준히 돈을 투자해, 이 기업의 성장성에 업혀 가는 것만큼 쉬운 돈 벌기가 어디 있냐고 말입니다.

　그러나 여기에도 원칙이 있습니다. 내가 산 주식이 내 예상대로 사업이 굴러가지 않고, 실적이 구조적으로 줄어든다거나, 회사가 가진 가치보다 주가가 너무 빨리 오르면 매도를 망설일 필요가 없습니다.

한국판 다우지수
KTOP30

정부가 최근 야심차게 개발한 새로운 지수입니다. 시장 전체를 나타내는 코스피, 코스피 종목 가운데 상위 200개를 뽑은 코스피 200. 이 두 지수의 구성 종목이 너무 많아 지수 움직임이 무겁고, 우리나라 경제 성장을 제대로 반영하지 못한다는 지적에서 출발했습니다.

코스피에는 유가증권시장에 상장된 종목 모두가 포함됩니다. 다음 분기에 시장에서 퇴출될 수도 있는 종목도 포함된다는 얘기입니다. 당연히 지수를 깎아 먹는 존재겠죠.

2020년 2월 말 현재 코스피는 1980년 기준지수 대비 현재 대략 30배 올랐고, 코스피200은 1990년 기준지수 대비 4배가량 올랐지만, 한국 GDP가 1980년대 대비 40배, 1990년대 대비 10배 가까이 성장한 것과 비교하면 미미합니다.

코스피200은 분기 심사를 통해 부실한 기업은 빼내고 더 튼튼한 기업을 넣어 대표주 200개로 만드는 지수인데, 여기에는 삼성전자 비중이 너무 커서 문제가 생겼습니다. 코스피나 코스피200이나 시가총액 비중으로 하니, 우리나라 시가총액의 20% 가까이 차지하는 삼성전자 한 종목이 지수 자체를 좌주우지하게 된 겁니다. 실제 삼성전자 비중이 우선주까지 합치면 코스피에서는 27%, 코스피200에서는 35% 이상이었습니다.

이에 정부는 미국 다우지수처럼 우리나라 경제 성장을 잘 보여줄 수 있는 30개 종목을 선별해 지수를 새로 만들기로 합니다. 시가총액이 아닌 주가를 평균해 지수를 산출하는 방법입니다. 특정 종목에 쏠림이 없고, 부실 기업 때문에 부진해 보이는 착시 현상도 없애겠다는 의도입니다. 전 세계에서 통용되는 미국 다우지수는 30개 종목을, 주가 평균식으로 산출합니다. KTOP30이 한국판 다우지수로 불리는 것은 이런 산출 방식 때문입니다.

CHAPTER 11

평생 주식부자가 되기 위해 꼭 알아야 할 것들

01

주주환원정책

#배당성향 증가 #자사주 매입
#삼성그룹에서 시작

말 그대로 주주들에게 돌아가는 이익을 늘리겠다는 게 주주 환원 정책입니다. 주주들에게는 주가를 올려주거나 배당을 많이 주는 게 가장 좋겠지요.

늘어나는 배당

최근에는 기업들이 배당을 강화하는 추세입니다. 정부에서도 배당을 많이 하는 기업에 세제 혜택을 주는 등 배당 강화를 유도하고 있습니다. 삼성전자는 과거 1년에 2번 배당을 했습니다. 6월과 12월에 배당을 해왔습니다. 그러다가 2018년부터는 1년에 4차례 분기 배당을 하고 있습니다. 삼성전자 주주들은 분기 배당을 통해 1년에 4번 보너스를 받게 됩니다.

배당을 무조건 많이 주는 게 좋으냐면 또 그것도 아닙니다. 기업이 벌어들인 돈을 곳간에 쌓아놓지 않고 주주들에게 나눠주는 것보다 잘 쌓아뒀다가 좋은 투자 기회, 즉 회사를 사거나 공장을 짓는 등의 투자에 나서 회사가 성장하고 주가가 오르는 게 좋을 수도 있습니다.

과거 고성장 시대에 배당에 인색했던 것도 기업들이 배당보다는 투자와 그에 따른 주가 상승으로 주주들에게 보답하는 게 낫다고 판단했기 때문입니다. 이제는 과거만큼 고성장이 담보되지 않고, 점점 주주들의 목소리도 커지니 배당을 늘리는 분위기가 됐습니다.

배당이 많아지면 그동안 주가 저평가 요인도 사라질 수 있습니다. 2021년 코스피 3,000을 돌파한 데에는 배당 성향이 높아진 이유도 있습니다. 우리나라 배당은 2015년만 해도 전 세계에서 가장 낮은 편에 속했지만, 점차 상승했습니다.

2020년 코스피 기업의 배당성향(벌어들인 돈의 얼마를 배당으로 주느냐의 의미)은 2015년 17.6%에서 2019년까지는 41.25%까지 올라갔습니다. 기획재정부가 정부 출자 기관의 배당성향을 올리는 등 적극적인 노력을 기울인 것이 주효했습니다. 정부 출자기관이 선제적으로 배당성향을 올리면 민간 기업들도 이 추세를 따르기 때문입니다. 앞서 대만 정부가 1999년 기업들의 분배되지 않은 이익에 세금을 부과하자, 배당성향이 확 올라갔습니다.

선진 주요국의 평균적인 배당성향 41.2% 정도입니다. 한국 기업의 배당성향이 세계 평균에 도달한 것이 코스피의 매력을 더 높였다고 보아야 할 것입니다.

배당과 함께 많이 하는 대표적인 주주 환원 정책이 자사주 매입이나 소각입니다. 회사가 나서서 우리 회사 주식을 사들여버리면 시중에 유통되는 주식이 줄어들어 프리미엄이 생기고, 정기적으로 사줄 주체가 되니 주가는 오릅니다. 주가로 주주들에게 보답할 수 있는 대표적인 방법이 자사주 매입입니다.

활발해지는 국내 대기업의 자사주 매입

삼성전자는 2015년 11조 원 정도의 대규모 자사주 매입을 발표해 전 세계 투자자들을 깜짝 놀라게 했습니다. 삼성생명과 삼성화재, 삼성증권도 사상 최대 규모의 자사주 매입 계획을 밝혔습니다. 삼성 그룹에서 시작됐다는 것이 일반적인 평가입니다. 다른 대기업들도 이런 흐름에 동참하게 되었습니다.

소액주주 운동이 일어나던 과거에 주주들은 푸대접을 받기 일쑤였지만, 이제는 기업들도 주주들에게 보답하려고 합니다. 주주 환원 정책이 늘어나는 지금 주식투자의 이유가 하나 더 생겼다고 볼 수 있습니다.

02 자사주 매입의 효과

#배당성향 증가 #자사주 매입
#삼성그룹에서 시작

2015년 3분기 실적 시즌에 유독 눈에 많이 띈 게 자사주 매입 공시였습니다. 삼성전자, 삼성화재, 삼성증권, NAVER 등이 앞다퉈 자사주 매입을 공시했습니다.

앞서 말한 대로 삼성전자는 2015년 10월 29일, 11조 원가량의 자사주를 매입하겠다고 발표합니다. 든든한 매수 주체가 있으니 주가에는 호재가 되었습니다. 특히 삼성전자는 이렇게 자사주를 매입한 뒤 소각하였습니다. 회사가 돈을 들여서 시중의 주식을 산 뒤 없애버리면, 기존 주주들이 가지고 있는 주식은 유통 물량이 줄어드는 프리미엄을 얻을 수 있습니다. 주가는 바로 화답했습니다.

여러 가지 긍정적 효과

앞서 말한 주주환원정책 가운데 배당 확대보다 자사주 매입이 늘고 있는 것은 배당이 직접적이고 영구적인 현금 유출인 데다가 배당은 한 번 늘리면 줄이기 쉽지 않기 때문입니다. 주주들에게 배당을 주려면 회사에서 돈이 빠져나가야 합니다.

그런데 최근에는 기업이 벌어들이는 돈이 줄고, 대내외 경제 상황도 불안해 마구잡이로 현금을 쓰기에는 좀 부담이 있습니다. 반면 자사주 매입은 동일하게 기업소득환류세제(배당하지 않고 쌓아놓은 유보금에 과세하겠다는 내용)상 배당으로 인정받으면서도 회사 여건에 따라 자사주 매각을 통해 유동성을 확보하거나 경영권 방어 및 승계 등 다양한 목적으로 활용이 가능하다는 점에서 유리한 측면이 있습니다. 자사주 정책은 배당에 비해 주주의 저항이 크지 않다는 점에서 기업의 부담이 적은 편이기도 합니다.

일반적으로 자사주 매입은 주주 가치 제고에 긍정적이며 수급에서도 우호적이지만 자사주 매입 자체가 주가 부양을 하기는 어려운 측면이 있습니다. 향후 기업 전망이 좋지 않으면 회사가 자사주 매입을 사는 시기를 일반 투자자들은 주식을 팔 기회로 생각할 수 있기 때문입니다. 자사주 매입은 주가가 더 이상 내려가지 않도록 주가 방어의 측면에서는 긍정적이지만, 항상 주가 상승을 이끄는 것은 아니기 때문에 자사주 매입 자체보다는 펀더멘털과 함께 고려하는 전략이 필요합니다.

기업소득환류세제

정부가 2014년 발표한 후 시행 중인 경제 활성화 대책 중 하나입니다. 기업이 한 해 이익의 80% 이상을 투자, 배당, 임금 인상분 등에 사용하지 않으면 미달 금액의 10%를 법인세로 추가 징수하는 제도입니다. 일종의 사내유보금 과세라 보면 되겠습니다.

기업이 벌어들인 돈을 가계와 사회로 보내(환류시켜) 침체된 경기를 부양하려는 목적으로 만들어졌습니다. 우리 경제는 저성장 고착화가 우려되고 기업과 가계소득 간 격차가 확대되고 있어 새로운 발상과 과감한 정책대응이 필요한 상황입니다. 이런 상황에서 기업소득이 가계소득 증가로 환류되는 선순환 구조를 유도하기 위해 기업소득환류세제를 도입하게 되었습니다.

03

우선주 레이스

#배당성향 증가 #자사주 매입
#삼성그룹에서 시작

대표적인 주주 환원 정책인 자사주 매입은 명암이 있습니다. 그런데 신기한 것은 삼성전자의 자사주 매입 및 소각 발표 이후 보통주보다 우선주가 더 올랐다는 사실입니다. 우선주는 의결권이 없는 대신 배당을 많이 주는 주식입니다. 의결권이란 회사의 관리나 경영에 참여할 수 있는 공익권 중 하나입니다. 의결권은 기업의 경영 문제에 관한 주요한 의사결정에 참여할 수 있는 권리를 말하는데, 보통 1주당 1개의 의결권을 행사할 수 있습니다. 외국에는 1주당 여러 개의 의결권이 부여된 주식도 있습니다.

우선주에는 삼성전자, 현대차 등의 우선주가 대표적입니다. 삼성전자우, 현대차우 등에서 알 수 있듯이 종목 이름에 '우'자가 들어갑니다.

삼성전자 발표 이후 삼성전자 보통주는 3% 정도 올랐는데, 삼성전자 우선주는 10% 이상 급등했습니다. 삼성전자 우선주는 의결권이 없는 대신 보통주 배당률보다 +1%포인트 더 많은 배당을 받을 수 있으며 삼성전자 우선주는 평균적으로 보통주 주가의 80% 수준에서 거래되고 있습니다.

삼성전자 우선주 효과로 다른 우선주들도 함께 상승해 심상치 않은 모습을 보여줬습니다. 삼성전자의 역대 최대 규모의 자사주 소각 모멘텀이 우선주의 배당 매력을 부각시킨 것입니다. 우선주는 보통주보다 배당을 더 많이 준다고 앞서 얘기했습니다.

우리나라의 우선주 종목은 점점 더 늘어나고 있습니다. 하루 평균 거래대금이 5억 원 이상인 우선주 종목 수는 2014년 12개에서 2019년 44종목으로 늘어났습니다. 투자자들의 관심이 증가했다는 뜻입니다.

우리나라는 우선주가 보통주 대비 평균 30~40%가량 더 싸게 거래됐지만, 기업소득환류세제에 따른 주주환원정책 확대 등으로 이익 배당에 우선적 지위가 인정된 우선주가 보통주 대비 푸대접을 받을 이유가 없어지고 있습니다.

한국의 배당성향이 점점 늘어나고 있는 점, 선진국의 우선주와 보통주 괴리율이 거의 없다는 점, 저성장 국면이나 주가가 옆으로 기는 횡보 시기에 우선주 수익률이 높다는 점도 앞으로 우선주의 상대적 투자 매력도를 높일 요소입니다.

단, 우선주 투자를 고려할 때는 거래량을 살피는 게 최우선입니

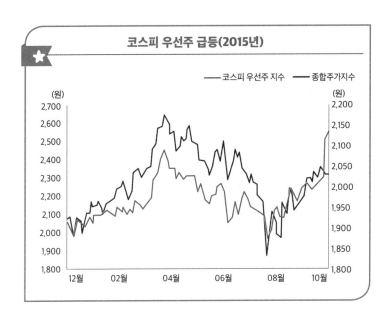

코스피 우선주 급등(2015년)

— 코스피 우선주 지수   — 종합주가지수

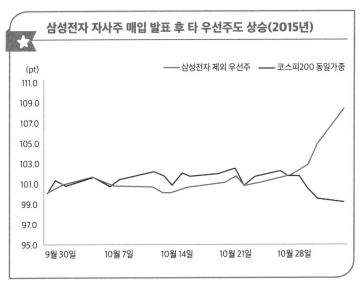

삼성전자 자사주 매입 발표 후 타 우선주도 상승(2015년)

— 삼성전자 제외 우선주   — 코스피200 동일가중

다. 거래가 없는 우선주에 투자했다가 빠져나오지 못하는 낭패를 볼 수 있기 때문입니다.

  개별 주식이 아니라 우선주 전체에 투자하는 ETF도 고려할 수 있습니다. 예를 들어 'TIGER 우선주 ETF'는 한국거래소가 산정하는 코스피 우선주지수를 추종합니다. 이 지수는 유가증권시장에 상장된 우선주 중 우량 종목 20개로 구성됐습니다. 이 ETF를 사면 20개의 우량 ETF에 골고루 투자하는 것과 마찬가지의 수익을 거둘 수 있습니다.

04

코스피 5,000은 가능할까?

#지루하던 2000 박스권 #주주환원정책이 밑바탕
#증시 선진화와 프리미엄 지향

2021년 1월 코스피는 견고한 벽으로 보이던 3,000을 돌파하며 그 기세를 이어가고 있습니다.

코스피가 2,100포인트 아래에서 지루한 박스권에 갇혔던 2014년 7월 일본계 증권사인 노무라증권이 코스피 3,000 가능성을 언급해서 주목을 끌었습니다. 특히 우리나라 증시를 좀 더 보수적으로, 깐깐하게 본다는 외국계 증권사의 이 같은 전망에 다들 관심이 모아졌습니다.

코스피 3,000 시대 언급의 근거

당시 노무라의 보고서 제목은 〈코스피 3,000 무리 아니다〉KOSPI 3000 not far-fetched입니다. 코스피 3,000은 정부의 지수 목표치이기도 했습니다.

코스피가 2007년 사상 처음으로 2,000선을 넘은 뒤 1,800~2,100에 머물러 있어 3,000은 선거철에나 외치는 꿈 같은 얘기로 인식되고 있었던 것도 사실입니다. 이런 상황에서 노무라는 "배당소득세 인하, 사내유보금 과세, 연기금의 배당 관련 주주권 강화가 '삼박자 공조'를 이뤄 코스피를 3,000선까지 끌어올릴 수 있다"고 주장했습니다.

배당의 위력을 크게 본 것입니다. 상장기업 순이익의 50%를 배당으로 돌리고 3.5%의 배당수익률을 가정할 때 코스피 3,000이 가능하다고 분석한 것입니다. 약한 주주환원정책과 재벌이라는 비정상적인 기업 지배 구조로 우리나라 주식들은 제값보다 더 싸게 거래돼야 하는 코리아 디스카운트에 노출돼 있었는데, 이것이 극복되면 주가가 상승하리라 보았습니다.

정부가 주도하는 주주환원정책

정부가 나서서 주주들을 배려하라고 유도한 것이 주효했습니다. 국민연금공단이 주주권리를 찾겠다며 더욱 적극적으로 주주권을 행사에 나섰습니다. 국민연금은 삼성전자의 사실상 1대 주주이기도 합니다. 1대 주주가 배당을 하자고 하면 안 할 수 없게 되었습니다. 이 주주권을 찾으면 소액주주 역시 많은 권리를 주장할 수 있습니다.

당시 노무라는 "만약 연기금이 주주환원정책 결정에서 더 적극적으로 행동한다면, 다른 소액주주들도 주주행동주의에 참여할 수 있을 것"이라며 "지금까지 소액주주들은 기업의 '빈약한' 주주 환원 정책에 맞서 싸울만한 여력이 없었다"고 지적했습니다.

이런 관점이라면 수익이 크게 악화되지 않을 경우 기업의 낮은 PER는 배당수익에 상승 여력을 제공하기 때문에 낮은 PER주, 수입 변동성이 낮아 안정적으로 배당을 할 수 있는 기업, 국민연금 지분율이 높은 종목이 유망해집니다.

실제 우리나라의 주주 환원 정책이 강화되고 배당과 자사주 매입이 늘어났습니다. 이것이 코스피 3,000포인트 돌파의 기반이 되었습니다. 그리고 동학개미로 불리는 개인투자자의 참여, 특히 20~30대의 주식투자 확대로 증시에 활력에 더해진 것입니다.

전문가들은 박스권에서 상향 돌파했기 때문에 치명적 악재가 없다면 이 추세가 당분간 이어질 것이라 보고 있습니다. 2021년 이후 한국 증시는 유동성이 풍부하고 산업 포트폴리오와 기업 실적 개선 등의 호재로 장기 상승하리라는 전망이 강합니다. 물론 조정의 가능성도 존재하고 실물경제가 아니라 유동성 증가가 상승을 이끌었다는 점에서 하락의 위험도 있습니다. 이에 대해서 경계해야 할 것입니다.

코스피 3,000은 한국 증시가 저평가에서 벗어났음을 의미하는 상징적 숫자입니다. 조심스럽게 코스피 4,000, 5,000을 예측하는 목소리도 나옵니다. 이것은 한국 증시가 선진화되어 프리미엄을 갖게 됨을 의미합니다. 증시의 기초는 다져졌습니다. 한국 경제가 장기적으로 발전하고 기업 실적이 전반적으로 향상되어야 이 숫자가 가능할 것입니다.

생각을 키우는 Q

앞으로 3년 코스피지수는 얼마나 더 상승할까요? 아니면 내려갈까요?

05 주식투자는 기업 부의 재분배

#더 부유해지는 기업 #기업 성장 공유는 주식투자
#배당과 주가 상승

한국 기업들은 점점 부자가 되고 돈이 쌓이고 있습니다. 기업의 부를 나눠 가질 방법을 찾아야 합니다. 임금을 받는 것 외에 기업의 부를 나누는 방법, 이것이 바로 주식투자를 해야 하는 이유입니다.

2020년 30대 기업의 사내유보금은 957조 원에 이릅니다. 잘게 나누어 보면 10대 기업은 822조 원, 5대 기업은 673조 원입니다. 그룹 단위로 보면 2019년 말 기준 비상장사를 포함한 삼성그룹의 사내유보금은 298조 8,381억 원(상장사 258조 772억 원)으로 가장 많습니다. 현대차는 141조 7,647억 원, SK는 117조 13억 원, LG는 56조 6,667억 원, 롯데 58조 4,180억 원, 포스코 54조 1,237억 원, 한화 24조 2,534억 원, GS 27조 9,977억 원, 현대중공업 28조 6,886억 원, 신세계 13조 8,766억 원으로 집계되었습니다.

주식투자로 기업 이익 공유해야

당기순이익도 큰 폭으로 증가했습니다. 전체 상장사 당기순이익은 7년간 39조 원에서 83조 9,000억 원으로 115% 늘어났습니다. 30대 기업은 20조 5천억 원에서 194% 뛴 60조 4,000억 원을 기록했습니다.

기업이 보유한 돈은 국경을 넘습니다. 해외 금융계좌에 쌓아둔 자금이 증가하고 있습니다. 가계에 비해 기업들이 돈을 더 잘 벌고 있습니다.

국민총소득GNI에서 가계와 기업의 소득 비중이 어떻게 변화하는

국민총소득(GNI) 대비 가계와 기업 소득 비중 추이

(단위: %)

━ 가계소득비중 ━ 기업소득비중

자료: OECD

지를 보면 전반적으로 기업 소득의 비중이 높아지고 가계 소득의 비중이 낮아지는 추세를 보이고 있습니다.

　기업들의 돈이 더 많습니다. 이런 현상은 앞으로도 계속될 것입니다. 국가의 부를 창출하는 기업에 투자하지 않고 개인의 부가 늘어나기를 기대하기는 어렵습니다. 배당금이든 투자에 따른 주가 상승이든, 기업의 이익을 적극적으로 향유하는 방법이 바로 주주가 되는 것입니다.

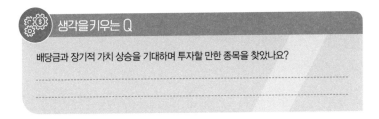

생각을 키우는 Q

배당금과 장기적 가치 상승을 기대하며 투자할 만한 종목을 찾았나요?

공공시설에 투자하기

#맥쿼리인프라 #상장 리츠
#국내에서 불법인 사업에도 투자

인천국제공항 고속도로, 광주제2순환도로, 우면산터널, 천안-논산 고속도로, 수정산터널, 마창대교, 용인-서울 고속도로, 서울-춘천 고속도로, 인천대교…. 한 번쯤 지나가 봤을 길들입니다. 우리는 이런 곳을 이용할 때 통행료를 냅니다. 이런 통행료를 벌어들여 배당으로 나눠주는 주식이 있습니다. 맥쿼리인프라라는 특이한 주식입니다. 국내 유일의 상장된 인프라 펀드 주식인데요. 부산항 신항 통행료도 받습니다.

맥쿼리인프라는 국내 사회기반시설 사업에 민간 참여를 촉진하는 것을 목적으로 제정된 '사회기반시설에 대한 민간 투자법(민투법)'에 따라 설립된 회사형 투융자 집합 투자 기구입니다. 쉽게 말해 도로·항만·교량 등 국내 인프라 건설에 필요한 자금을 대고, 운영 수익 등을 통해 발생한 이익을 회수하는 사업입니다. 국책 사업에 투자하기 때문에 위험이 크지 않고 안정적으로 배당을 받을 수 있습니다. 민투법에 따라 국내 투자만 허용돼 환율 위험에도 노출되지 않습니다.

인프라에 투자해놓고 분기마다 정산을 받는 구조입니다. 2020년 12월 말 기준으로 배당으로만 올릴 수 있는 수익률이 6.6%나 됩니다.

인프라 부동산에 투자해 수익 실현

이런 종목 외에도 소액으로도 고속도로 같은 인프라와 대형 건물에 투자, 연 5%가량의 배당 수익을 챙길 수 있는 종목들이 많습니다. 대표적인 것이 리츠입니다. 리츠REITs: Real Estate Investment Trusts란 부동산 투자를 위한 주식회사입니다. 많은 투자자로부터 소액의 자금을 모아 대형 부동산을 사고팔면서 임대료 수입, 매각 차익 등을 투자자에게 배당하는 부동산 간접투자 상품이죠.

제이알글로벌리츠, 코람코에너지리츠, 미래에셋맵스리츠, 이리츠코크렙, 이지스밸류리츠, 롯데리츠, 이지스레지던스리츠, 신한알파리츠 등이 주식시장에 상장되어 있습니다.

저금리 환경에서 상가나 오피스텔 임대 등에 관심이 많을 것입니다. 부동산 거래는 일단 투자 금액 자체가 커야 하고, 세금 부담 등 챙길 것이 한두 개가 아닙니다. 이럴 땐 이런 종목에 투자해 임대료, 통행료의 간접 수익을 얻는 건 어떨까요.

주식투자는 오묘합니다. 국내에서는 불법인 회사에 투자해서 수익을 얻을 수 있습니다. 국내 매출액 0인 카지노 게임업체 더블유게임즈라는 곳이 있습니다. 카지노 게임 자체가 불법이어서 우리나라 국민은 절대 할 수 없지만, 북미 지역에서 유행하는 게임으로 돈을 벌어들이는 회사에 투자는 할 수 있습니다.

이렇듯 다양한 상품은 우리가 주식을 해야 하는 또 하나의 이유입니다.

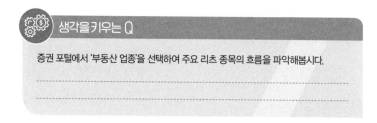

생각을 키우는 Q

증권 포털에서 '부동산 업종'을 선택하여 주요 리츠 종목의 흐름을 파악해봅시다.

07

저금리 시대의 대안

#가장 매력적인 투자 수단 #부자들은 주식 선호
#부동산 비중 재고려

워런 버핏은 대표적인 주식 예찬론자입니다. 그가 2012년 "주식은 생산적인 자산투자 측면에서 장기간에 걸쳐 채권과 금을 능가하는 우월한 승자가 될 것"이라고 말했습니다. "더 중요한 사실은 안전성 측면에서도 주식이 채권과 금보다 뛰어나다"고도 했습니다.

　채권이 안전 자산으로 평가받고 있지만 이자율이 이제 물가상승률과 세금을 상쇄할 정도로 높지 않기 때문이라고 설명합니다. 예금 금리는 인플레이션을 감안하면 이미 마이너스에 접어들었습니다. 안전하다고 평가받는 금 역시 생산적이지 않은 자산이라고 꼬집습니다. 금을 살 돈으로 농업이나 제조업체 등에 투자하면 식량과 상품 생산, 배당 등 생산적인 결과물을 얻을 수 있지만, 금은 아무리 오랜 세월이 지나도 그대로 남아 있을 뿐 생산적인 활동이 불가능하다는 점을 지적한 것입니다.

우리나라 경제는 1980년대 대비 40배, 1990년대 대비 10배가량 성장했습니다. 25년 넘게 우리나라 대표 기업 주가로 환산한 KTOP30은 889에서 2020년 3월 초 현재 약 1만 1,400으로 13배가량 상승했습니다. 1991년 5월 말 상장한 롯데케미칼은 2020년 3월 초까지 약 19배, LG화학은 약 48배, 삼성전자는 약 30배, 포스코는 약 7배 가까이 주가가 뛰었습니다. IMF 구제금융 이후 회복기인 1998년 6월부터 1999년 12월까지 KTOP30은 480% 상승했습니다. 경제 상승을 거의 반영했다고 볼 수 있습니다.

코스피지수와 채권, 예금, 금, 부동산, 원유의 상승률을 비교해 봤

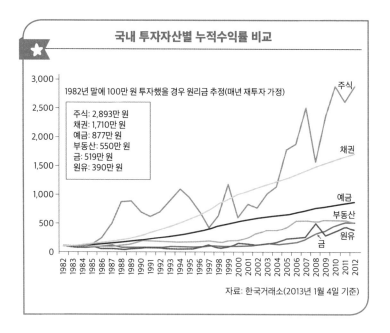

국내 투자자산별 누적수익률 비교

1982년 말에 100만 원 투자했을 경우 원리금 추정(매년 재투자 가정)

주식: 2,893만 원
채권: 1,710만 원
예금: 877만 원
부동산: 550만 원
금: 519만 원
원유: 390만 원

자료: 한국거래소(2013년 1월 4일 기준)

습니다. 2013년까지 30년간 주식은 27.9배 올라 수익률이 1위입니다. 반면 원화로 환산한 금과 강남지역 아파트로 분석한 부동산은 4배 오르는 데 그쳤습니다. 1982년 말에 100만 원을 투자했고, 매년 재투자를 했다고 가정하면 주식은 2,893만 원으로 불어나 있습니다. 채권은 1,710만 원, 예금은 877만 원, 부동산은 520만 원, 금은 519만 원, 원유는 390만 원입니다.

기간을 좀 쪼개 보겠습니다. 코스피가 1,000에서 장기간 횡보했던 1993년부터 2002년까지는 채권과 예금이 높은 수익률을 보였습니다. 그러나 2003년 이후부터는 달라졌습니다. 그리고 예금금리가 낮아지고 채권금리는 사상 최고치를 기록하는 등 예금과 채권투자가 녹록치 않은 게 현실입니다.

투자자산별 수익률 비교

자산 구분	1983~1992년	1993~2002년	2003~2012년	전 기간
주식	453.7%	▲7.5%	218.2%	1,530.0%
주식 (배당 포함)	606.1%	9.6%	274.0%	2,793.2%
채권	300.1%	181.2%	52.0%	1,609.7%
예금	153.5%	132.7%	48.7%	777.3%
금	▲23.3%	58.8%	325.8%	418.7%
부동산	75.1%	90.7%	55.6%	419.9%
원유	▲35.6%	93.7%	212.8%	289.8%
물가상승률	63.9%	51.1%	35.9%	236.6%
경제성장률	152.8%	80.9%	42.7%	552.2%

100세 시대가 얼마 남지 않았습니다. 여기에 효과적으로 대비하기 위해 돈 냄새를 잘 맡는다는 한국의 부자들을 참고할 필요가 있습니다.

늘어나는 금융자산 비율

KB국민은행이 발표한 〈2020 한국 부자 보고서〉에 따르면 일반 금융자산 10억 원 이상인 개인을 한국의 부자로 정의하면 2019년 말 기준 35만 4,000명이 됩니다. 한국 부자의 부동산 비중은 56.6%를 기록했습니다. 대한민국 평균인 76%(한국은행)보다 낮습니다. 한국의 부자들은 무엇보다 부동산을 통해 자산 축적을 했기 때문에 투자 지식도 많을 뿐만 아니라, 부동산에 대한 애착과 관심이 높을 수밖에 없습니다. 여전히 유망 투자대상으로 국내 부동산을 1, 2순위에 꼽지만, 한국 부자들도 부동산 비중이 평균보다 낮고 금융자산이 평균보다 높다는 점은 주목할 부분입니다.

2018년 이후 아파트값을 중심으로 부동산가격이 상승하면서 부자들의 부동산 비중이 상대적으로 상승했습니다. 이것은 부동산투자를 늘렸기 때문이 아니라 자연스럽게 비중이 늘어난 것으로 볼 수 있습니다. 한국의 부자들은 향후 장기적으로 유망한 금융 투자처로 주식을 가장 많이 꼽았습니다.

부자들이 주식투자를 늘리는 경향은 점점 더 증가하고 있습니다. 저성장·저금리를 먼저 경험했고, 인구 감소와 자산가격 하락으로 디

한국 부자의 자산 포트폴리오

(단위: %)

🔺부동산자산 Ⓢ금융자산

부동산자산: 58.1 59.5 56.9 56.7 52.4 51.4 52.2 53.3 53.7 56.6

금융자산: 36.9 35.6 37.8 39.2 43.1 43.5 44.2 42.3 39.9 38.6

2011 2012 2013 2014 2015 2016 2017 2018 2019 2020

자료: 국민은행

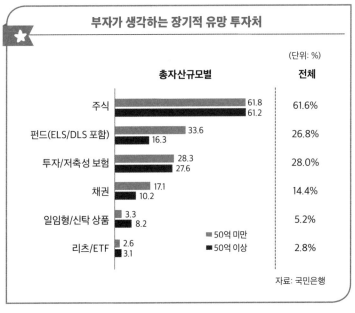

부자가 생각하는 장기적 유망 투자처

(단위: %)

	총자산규모별	전체
주식	61.8 / 61.2	61.6%
펀드(ELS/DLS 포함)	33.6 / 16.3	26.8%
투자/저축성 보험	28.3 / 27.6	28.0%
채권	17.1 / 10.2	14.4%
일임형/신탁 상품	3.3 / 8.2	5.2%
리츠/ETF	2.6 / 3.1	2.8%

■50억 미만 ■50억 이상

자료: 국민은행

플레이션을 경험했던 일본을 보면, 역시 부동산을 포함한 실물자산 비중은 추세적으로 감소하고 있습니다. 여전히 예금 위주지만 변화도 감지됩니다.

장기적으로 보면 주식이 항상 부동산이나 채권을 이겼습니다. 은퇴를 앞둔 시점에 장기적으로 대비하려면 주식을 결코 외면할 수 없습니다.

생각을 키우는 Q

부자들이 투자 수단으로서 부동산보다 주식을 선호하는 점이 나에게 알려주는 교훈은 무엇인가요?

08
윈윈 게임의 주식투자

#상승기는 모두 이긴다 #장기적으로 윈윈 구도
#국가 경제 활성화

주식투자에 대해 오해하는 것이 있습니다. 그것을 제로섬 원리를 따르는 도박같이 여기는 것입니다. 주식이 도박과 다른 점 중 하나가 제로섬이 아니라는 점입니다. 주식은 남이 잃어야 내가 따거나, 내가 잃어야 남이 따는 도박이 아닙니다.

윈-윈 게임도 가능하다

주가가 올라가서 사상 최고치를 찍는다면 모두가 얻는 플러스섬, 윈-윈 게임입니다. 시가총액, 파이 자체가 커지기 때문에 모두 다 돈을 버는 것입니다. 물론 주가의 파동에서 오르락내리락할 때 단기 투자로 잃은 사람이 있을 수도 있지만, 결국 모두 더해놓으면 총액이 많아집니다.

반대로 주가가 내려가면 모두 다 잃는 마이너스섬이 됩니다. 최고가에 산 사람이나 그보다는 낮게 산 사람이나 연일 사상 최저가를 경신한다면 얻는 사람은 없습니다.

10년 후 우리나라 GDP가 얼마나 돼 있을까요? 우리나라 기업의 경쟁력은 얼마나 될까요? 신생 기업들은 얼마나 두각을 나타낼까요? 이 모든 것을 따져보고 점점 주가가 올라갈 것 같다면 모두가 행복한 시절을 영위할 수 있습니다.

여기에 주식은 주식을 사고파는 과정에서 생기는 이익 외에 배당이라는 개념도 있습니다. 배당은 플러스 알파여서 주식투자는 제로섬은 아닙니다. 또 최근에는 공매도와 같은 롱-숏이 생겨나 주가가 올라가면 손해를 보고 내려가면 이익을 보는 사람이 생기기도 하지만, 파이 개념으로 보면 경제가 좋아지고 주가가 올라가면 국민의 부가 늘어나는 부의 효과를 기대할 수 있습니다.

옆자리 김 대리가 돈 벌었다고 나는 잃을 것이라고 생각할 필요는 없겠죠?

09 외국인에게 배우는 배당

#외국인은 배당주를 좋아해 #단기 차익에 급급하지 말자 #장기투자로 문화 바뀌어야

신영증권이 조사한 내용이 따르면, 1990년대까지 외국인의 연간 배당금 총액이 평균 2,300억 원대에 불과했지만, 2000년대 들어서 연평균 3조 4,000억 원을 받아갔습니다. 2010년 이후는 훨씬 더 늘었습니다. 2018년까지 한 해 동안 외국인이 유가증권시장에서 평균적으로 받아간 배당금은 6조 8,400억 원이나 됩니다.

국내 상장기업의 전체 배당금액에서 외국인이 받아간 금액은 50%를 넘습니다. 외국인이 주식시장에서 차지하는 비율은 40%가 되지 않는데, 더 큰 비중으로 배당금을 받아가는 것은 이들이 배당 성향이 높은 주식을 위주로 투자하기 때문입니다.

국민이 주주였다면 우리의 몫이었을 배당이, 무려 전체 배당의 절반 이상이 외국인 주머니로 흘러들어 가고 있습니다. 1992년 1월 3일 외국인이 국내 주식을 직접 투자할 수 있게 허용해준 뒤 외국인의 주머니는 계속 커지고 있습니다. 정부가 나서서 배당을 독려하지만, 그 과실이 외국인과 일부 재벌에게 집중될 수 있다는 우려가 나오는 것도 현실입니다.

국내 상장사들의 현금 배당 규모를 조사한 결과를 보면 외국인 지분율이 50%를 넘는 기업들이 중점적으로 배당을 늘렸음을 알 수 있습니다. 이런 상황에서 외국인에게 가는 우리 기업의 과실을 우리 국민이 적극적으로 가져올 필요가 있습니다.

장기투자로 문화 바뀌어야

예전에는 열심히 일하고 아껴서 절약하면 나중에 잘 살 수 있었습니다. 물가가 올라도 임금이 훨씬 더 빠르게 올라서 노력만 하면 자산을 모을 수 있었습니다. 그러나 2000년대 들어서는 상황이 달라졌습니다. 물가상승률을 고려한 개인의 실질 소득증가율은 2.5% 정도에 불과합니다. 그리고 상위 20%가 전체 부의 80%를 차지하는 부의 쏠림은 더 강해졌습니다. 체감 소득증가율은 낮습니다.

기업의 주주가 돼 기업 이익 증가를 같이 가져와야 합니다. 나만 일하는 게 아니라 돈도 일하게 해야 합니다. 이를 위해서는 기존의 단기투자에서 장기투자로 투자 문화가 바뀌어야 합니다. 국내 투자자들 특히 개인투자자들은 단기 주가 상승에 의한 한 방을 노리는 경우가 많은데, 이런 상황에서 외국인만 배당금을 챙긴다고 말하는 것도 이치에 맞지 않습니다.

기업의 성장이 정체된 상황에서는 장기투자로 투자 패러다임이 바뀌어야 합니다. 단기 주가 차익을 노리기보다는 합리적인 주주권 행사, 배당에 대한 관심 등을 키워야 할 시점입니다.

⚙️💲 **생각을 키우는 Q**

고배당 종목이라고 무조건 유망한 것은 아닙니다. 위험한 종목이 있을 수도 있습니다. 고배당주 중 안정적이고 미래 가치가 큰 종목을 찾아서 정리해봅시다.

10

내 회사의 주주가 되기

#대박이 되는 우리사주 #내가 가장 잘 아는 회사
#세제 혜택

제 주변에 돈 걱정은 안 하고 살 만한 분이 있습니다. 이분은 자신이 근무하는 회사에서 유상증자를 하거나 상장을 할 때 우리사주를 사라고 해서 그냥 충성심에서 매번 샀다고 했습니다. 회사에 잘 보일 기회여서 걱정 반 기대 반으로 샀고, 월급을 받아야 해서 열심히 일했는데 그 우리사주가 큰돈이 돼 있다고 했습니다. 본업과 부업이 아주 잘 맞아떨어진 경우입니다.

모르는 주식은 안 하는 게 좋습니다. 그러나 내가 일하는 우리 회사라면 제일 잘 알 수 있지 않을까요?

시너지 효과 기대할 수 있어

우리사주 대박은 어렵지 않게 찾아볼 수 있습니다. 휴짓조각이나 다름없던 주식이 복덩이가 된 이야기는 우리사주의 의미를 다시 한 번 생각하게 합니다. 현대위아는 2011년 2월 IPO를 실시합니다. 주당 6만 5,000원에 신규 상장 공모를 했는데, 2000년 전후 2~3차례의 증자 때 배정한 가격은 액면가인 주당 5,000원이었습니다. 과거 증자 때 받은 우리사주 수익률은 2,000%에 이릅니다.

기아차도 기아차 사태로 회사 사정이 좋지 않았지만 직원들은 증자 때마다 십시일반으로 돈을 모았습니다. 증자에 참여했던 직원이 현장에 근무하는 생산직이어서 대부분 가지고 있었는데, 수익률이 몇백 배에 이르렀습니다.

회사가 어려울 때 직원들이 증자에 참여한 두산엔진도 높은 수익률을 안겼고, 글로벌 휠라를 인수할 때 직원들이 자금 일부를 자발적으로 댔던 휠라코리아도 상장 당시 직원들이 8배가 넘는 차익을 올렸습니다.

최근에는 종업원 복지 차원에서 자기주식을 매입한 후 우리사주 형태로 저렴하게 상여금으로 배분하는 경우도 늘고 있습니다. 개정된 세법은 중소기업 우리사주 조합 활성화를 위해 우리사주 장기 보유 시 소득세 감면율을 최대 100%까지 확대했습니다. 근로자는 우리사주를 취득해 근로자이면서 동시에 주주로서 책임과 권한을 가지게 됩니다. 자본소득 증가로 직원들 복지도 올라갈 수 있습니다.

앞으로 어디에
투자해야 할까?

세상이 이렇게 빨리 바뀌나를 실감합니다. 투자도 이런 트렌드에 맞게 달라져야 실패 확률이 줄어듭니다.

4차 산업혁명, 언택트, 인공지능과 자율주행 등 이전에는 상상할 수 없었던 것들이 이제는 대세로 자리 잡았습니다.

미국 주요 기업들이 상장되어 있는 S&P500을 보면 이런 흐름은 확연합니다. 기업가치 기준으로 애플, 마이크로소프트, 아마존닷컴, 테슬라, 페이스북, 알파벳 등 이전에는 한국의 코스닥과 같은 나스닥이나 주름잡을 기업들이 상위권을 모두 차지하고 있습니다. 우리가 전에 알던 존슨앤드존슨, 제이피모건체이스, 월마트, 비자, 유나이티드헬스 등 기업은 그 이후에나 나옵니다. 아마존 공세에 밀린 월마트

등 소매기업의 변신 몸부림은 처절하기까지 합니다. 전통의 자동차 제조회사를 모두 앞지른 테슬라는 이제 포드, GM 등의 롤모델이 되고 있습니다. 그러나 다 지나간 얘기입니다. 미래를 보려면 세상의 변화에 무심해서는 안 됩니다.

투자에 대한 해답은 미래에 대한 상상에서부터

"앞으로 어디에 투자해야 할까?"라는 물음에 대해 딱부러지게 답하기는 어렵지만 그나마 근원적이라고 할 만한 답을 던진다면, '앞으로 어떤 일이 벌어질지에 대한 상상'이라고 할 수 있을 듯합니다. 결국에는 투자 주체들의 심리에 관한 문제이고, 심리의 근간은 미래에 대한 보편적인 다수의 예상입니다.

우리는 앞서 지나간 그 어느 시대와도 비교할 수 없을만큼 많이 노출돼 있습니다. 그런 의미에서 2012년 미국 미네소타 주에서 일어난 '타깃의 우편물'에 관한 에피소드는 꽤나 흥미로운 시사점을 던집니다.

한 남성이 미국의 대형마트 타깃이 보낸 우편물을 열어보고 깜짝 놀랐습니다. 그속에 임산부 용품 할인 쿠폰이 들어 있었는데, 수취인이 그의 10대 딸로 되어 있어 분노했다고 합니다. 당장 가까운 타깃 매장을 찾은 그는 "순진한 아이에게 임신을 권하다니, 이 무슨 수작인가?"라고 노발대발했습니다. 이에 대해 지점장은 영문도 모르고 사과했지만, 그는 얼마 지나지 않아 딸의 임신 소식을 딸로부터 직접

듣게 됐다고 합니다. 타깃 매장이 아버지보다 먼저 딸의 임신 사실을 알았던 것입니다.

이것은 모두 '빅데이터' 덕분입니다. 타깃 매장은 여성이 갑자기 무향 로션을 구매하면 몇 달 후 출산하는 경우가 많아 그런 구매 패턴을 보이는 여성이라면 임신 중기일 확률이 높다는 걸 인지하고 있었습니다. 그러면 아연, 칼슘, 마그네슘 같은 영양제도 많이 사게 됩니다.

질레트가 18세 생일에 맞춰 소년들에게 무료 면도기를 보내는 것, 자녀의 대학 입학 시기쯤 기숙사용 가구와 학용품 쿠폰이 집으로 오는 것도 누군가로부터 다 계획된 일입니다. 구글이 사용자에게 집요하게 로그인을 유도하는 이유 역시 비슷한 맥락입니다.

대신 이런 정보를 활용하려면 선을 지켜야 합니다. 임신 사실을 안 지 얼마 되지도 않았는데, 난데없이 타깃으로부터 임신 용품 쿠폰이 날아든다면 경악할 사람들이 꽤 많이 있을 것이고 실제로도 그랬다고 합니다. 그래서 타깃은 은근한 방법을 쓰고 있습니다. 임부용 비타민 쿠폰을 보내더라도 과자 쿠폰을 같이 보내는 등 연관성을 떨어뜨려서 무작위의 느낌을 들게 하는 것입니다. 다 계획이 있다고 보면 됩니다.

IT를 단순히 미래라는 단어로 치부할 수 없다는 것은 너무나도 당연합니다. 이처럼 이미 우리 생활에 깊숙이 들어와 있는 '레알' 현실입니다. 게다가 앞으로 더 많은 영향을 끼칠 것입니다. 그래서 IT는 매력적인 투자 분야입니다. 미래에 대한, 변화에 대해 고민을 하면서 투자를 이어간다면 좋은 성과를 얻어낼 수 있을 것입니다.

아이폰은 보았지만 블랙베리가 보지 못한 것

최초의 스마트폰 블랙베리가 실패한 원인에서 향후 IT와 관련한 투자에서 초점을 어디에 맞춰야 하는지에 대한 고민의 한 가지 포인트를 찾을 수 있을 것 같습니다.

2000년 출시된 블랙베리는 언제 어디서든 인터넷과 이메일을 이용할 수 있다는 점에서 화이트칼라 직장인들로부터 각광을 받았습니다. 2009년까지도 휴대폰 시장점유율 20%로, 14%의 iOS, 4%의 안드로이드를 앞서 있었지만, 2016년 점유율은 0.05%. 몰락이었습니다.

2007년 아이폰이 나올 때, 블랙베리 경영진은 심각성을 느끼지 못했다고 합니다. '젊은 애들 주머니를 노린 겉만 번지르르한 일종의 장난감'이라고 여겼던 거지요. 직장인들의 블랙베리와 아이폰은 거리가 멀다고 생각한 것입니다. 하지만 아이폰의 화사한 색감과 터치스크린은 대중의 찬사를 끌어냈습니다. 블랙베리는 업무용, 아이폰은 개인용으로 쓰는 사람들이 늘어났습니다.

기업은 이익에 민감합니다. 개인용 휴대폰을 업무용으로 쓸 수 있게 하면 회사의 지출을 줄이면서 직원의 만족도 역시 높일 수 있다는 결론에 이르렀고, 그렇게 아이폰은 블랙베리의 기업용 시장을 잠식해 갔습니다. '소비자 상품의 기업 침투'라는 트렌드에 딱 맞는 사례였습니다. 스마트폰을 고르는 주체가 '회사의 높은 분'이 아니라 일반 소비자였다는 사실을 블랙베리도 깨달았지만, 이미 늦었습니다.

블랙베리는 2007년 고급형 모델을 새로 출시하면서 '막판 장거리

숏'을 노렸습니다. 하지만 이 역시 늦었습니다. 애플리케이션이 문제였기 때문입니다. 애플리케이션 개발자들은 사용자가 없다며 블랙베리용 애플리케이션을 개발하지 않았고, 사용자들은 애플리케이션이 없어서 블랙베리를 사지 않았습니다. 구글이 안드로이드를 무료로 제공하는 이유, 사람들을 끌어들이기 위해서라는 건 주지의 사실입니다. 트렌드를 선도하거나 혹은 그렇지 못하더라도 적어도 따라가는 회사를 골라야 합니다.

글로벌 기업들의 다음 전장터는 '자동차'

이런 맥락에서 향후 IT 기술 경쟁의 주요 터전이 '자동차'가 될 가능성이 높다는 전문가들의 분석은 주목할 만합니다. 테슬라가 전기차 시대를 주도하면서 주가 역시 강하게 이끌고 있지만, 패러다임의 변화에 대한 고민을 놓치지 말아야 한다는 지적을 놓쳐서는 안 됩니다.

스마트폰을 사용하는 빈도에 대한 조사가 적잖이 있습니다. 전화의 용도로 스마트폰을 사용하는 빈도가 어떤 조사에서는 10% 내외, 어떤 조사에서도 최대 30%를 넘지 않았던 것 같습니다. 우리는 일생의 상당한 시간을 스마트폰을 보면서 살고 있으면서, 스마트폰으로 전화 통화 외에 인터넷 검색을 하고, 영상을 보고, 게임도 하고, 금융 업무도 보는 그런 세상에 살고 있습니다.

PCS 핸드폰이 처음 세상에 나왔을 때 "이제 언제 어디서나 전화

통화를 할 수 있다니!" 하고 놀랐습니다. 그러면서 '이렇게 편리한 기계에서 음악도 들었으면 좋겠고, 사진도 찍었으면 좋겠네' 하고 생각한 적이 있습니다. 이 부분에 공감하는 사람들이 적지 않을 것인데, 지금 우리의 스마트폰은 대부분의 그런 상상들을 해결해줬다고 볼 수 있겠네요.

경쟁 터전으로 자동차를 운운하다 갑자기 스마트폰으로 넘어갔던 이유는 스마트폰에서 전화 통화의 비중이 크지 않듯이 미래의 자동차도 이동의 역할이 전부가 아닐 것이라는 말을 하기 위해서입니다. 지금 스마트폰의 역할을 더 훌륭하게 해낼 수 있는 디바이스로 자동차를 꼽는 전문가들이 많습니다.

전기자동차가 가지고 있는 배터리에 그 답이 있습니다. 현재 대부분의 전기차에는 리튬이온 배터리가 들어가 있지요. 쉽게 얘기해서 휴대폰 보조 배터리 비슷한 것으로 생각하면 되겠습니다. 지금의 전기차에는 이런 것이 1,000개 정도 들어 있다고 합니다. 결국 이는 거대한 전력을 가지고 있는 디바이스라는 말이 됩니다. 그런데 우리는 이 전력으로 할 수 있는 게 너무나도 많습니다. 빠르고 편리한 이동의 수단만으로 자동차를 치부하기에는 자동차가 가진 잠재력이 너무나 큽니다.

그럼 그 전력을 어떻게 쓸 수 있을까요. 우리가 스마트폰에서 할 수 있는 대부분의 일들을 다 할 수 있으리라는 전망이 나옵니다. 게다가 더 효율적이고 훌륭한 방식으로 과제 수행이 가능합니다. 휴대폰의 작은 화면으로 영화를 보다가 자동차 앞 유리에 구현되는 큰 디스플레이로 영화를 관람한다면…

자동차는 개인 사무실의 역할도 할 수 있습니다. 휴대폰과는 비교할 수도 없는 인터넷 속도를 자랑할 것입니다. 이동할 때뿐 아니라 주차돼 있을 때의 가치가 아주 높은, IT 기술이 집약된 새로운 사무, 놀이 공간이 탄생하는 것입니다.

사정이 그렇다면 우리의 관심이 스마트폰 제조업체에서 전기 자동차 제조업체로 쏠려도 손해 보는 일은 아닐 것 같습니다. 자동차가 스마트폰을 대체하는 세상이 올 수도 있습니다. 자동차를 이동의 수단으로 여기고 이에 집중하고 있는 회사도 좋지만, 사무 공간을 포함한 수많은 일을 할 수 있는 새로운 공간의 개념으로 자동차를 생각하고 매진하는 '점프'가 가능한 회사들을 찾으면 좋을 것 같습니다.

항생제와 마취제가 상용되기 전인 1800년대 후반, 유럽에서는 외과 의사를 평가할 때 칼을 얼마나 빠르고 단호하게 휘두를 수 있느냐로 그 능력을 구분했다고 합니다. 그때 외과 수술은 많은 사람이 보는 앞에서 마치 쇼처럼 진행됐는데, 수술을 받는 사람이 겪는 고통은 당연히 이루 말하기 어려운 수준이라서, 그 고통을 짧은 시간 안에 끝내주는 의사가 최고로 능력 있는 의사였다고 합니다. 지금으로서는 상상조차 끔찍한 그런 광경이지만 이게 불과 100년이 조금 넘은, 통시적인 인류 역사에서는 그야말로 '얼마 전'의 상황입니다.

지금은 유전자 가위 시대입니다. 여러 위험성이 존재하지만, 비약적인 발전 가능성 역시 상당합니다. 정확한 위치 파악 능력을 지닌 핵산 분해 효소를 이용해 질병이나 형질에 관여하는 세포 내 유전자를 제거하거나 교정, 삽입함으로써 형질이나 질병의 변화를 꾀하는 유전자 편집 기술. 이제 남은 난관은 윤리적인 문제의 범주가 가장 크다고 해도 과언이 아닙니다.

의료를 포함한 바이오 분야는 이처럼 변화, 발전의 속도가 매우 빠른 분야인데다 우리의 삶에 끼치는 영향이 상당한 분야라고 볼 수 있습니다. 코로나 팬데믹 상황에서도 여전합니다. 우리는 그동안 쉽게 누려왔던 것 중 수 많은 것들을 한꺼번에 잃었고, 이 또한 쉽게 종식되지는 않을 거라는 전문가들의 의견은 우리를 슬프게 합니다. 그렇지만 투자의 범주에서는 발전, 변화의 가능성과 속도 면에서 충분한 조건이 될 수 있는 것입니다.

항공우주 역시 비슷한 맥락으로 주목해볼 만한 분야입니다. 평생의 소원이 해외여행이던 시절이 있었지요. 평생의 소원이 우주여행이 될 수도 있습니다. 상상도 할 수 없는 일들이 예상치 못한 속도로 우리에게 다가올 수도 있습니다.

미래를 주도할 키워드에 투자하라

성장, 이동, 변화, 창조를 예측해야 합니다. 변화의 흐름을 알면 미래를 주도할 수 있고, 투자에도 반영될 수 있습니다. 사람들마다 좋아하는 게 다 다르니 광고 시장도 달라질 것입니다. 건물에 붙어 있는 광고판이 증강현실 기술로 개인별로 다른 광고를 개별적으로 선사하는 시대가 곧 옵니다. 세계에 새로운 도시들이 생겨나는 과정에서 금융에 대한 수요도 기하급수적으로 늘 것입니다. 변화의 여지는 아주 많습니다.

그렇다고 너무 기술적인 것에만 얽매일 필요는 없습니다. 미래 사회의 가장 큰 경쟁력은 인성이라고 하는 미래학자도 있습니다.

기술의 발전으로 인간의 노동력이 무엇인가를 만드는 것보다 기계가 하는 일을 관리하는 부분에 초점이 맞춰지게 되고, 결국 성과의 가장 큰 변곡점이 기술이 아니라 인성이라는 주장입니다. 어떤 기술을 개발할 수 있을지가 아니라 새롭게 더해지는 기술을 훔쳐 다른 회사로 도망가지 않을 인성을 갖춘 직원을 뽑는 게 회사의 성패를 가르는 중요 덕목이 되는 시대가 될 것이라는 전망입니다.

결국 우리가 '새로운 기술, 기술'을 외치면 외칠수록, 사회는 윤리적인 잣대가 더욱 강화되는 방향으로 나아갈 것이라는 예상이 나오고 있습니다. 그런 면에서 투자하려는 회사의 구성원이 부도덕하다거나, 행여나 그 조짐이라도 보이면 가차 없이 투자의 대상에서 제외하는 것이 미래 사회에서의 현명한 투자자의 자세가 될 수 있다고 할 수 있습니다.

모르면
호구 되는
주식상식

1판 1쇄 인쇄 | 2021년 3월 15일
1판 1쇄 발행 | 2021년 3월 22일

지은이 곽세연
펴낸이 김기옥

경제경영팀장 모민원   기획 편집 변호이, 박지선
커뮤니케이션 플래너 박진모
경영지원 고광현, 임민진
제작 김형식

디자인 제이알컴
인쇄 · 제본 민언프린텍

펴낸곳 한스미디어(한즈미디어㈜)
주소 121-839 서울특별시 마포구 양화로 11길 13(서교동, 강원빌딩 5층)
전화 02-707-0337 | 팩스 02-707-0198 | 홈페이지 www.hansmedia.com
출판신고번호 제 313-2003-227호 | 신고일자 2003년 6월 25일

ISBN 979-11-6007-580-9   (13320)